고수의 M&A 바이블

The M&A Masterclass

고수의 M&A 바이블

투자와 엑시트 전략이 한눈에 보이는 K-인수합병 실전 가이드

장현희 지음

현익미디어

시작하며

회계법인의 딜 비즈니스 팀(현재의 파이낸셜 어드바이저리 서비스 팀)에 첫발을 내디뎠을 때, 저는 M&A라는 낯설고도 방대한 세계 앞에서 막연한 호기심과 함께 깊은 갈증을 느꼈습니다. 무엇부터 공부해야 할지 몰라 서점을 헤매던 기억이 아직도 생생합니다. 큰맘 먹고 구입한 M&A 관련 교과서들은 대부분 절차, 법령, 개념 설명에 집중되어 있었고, 실무적인 감각을 채워 주기엔 한계가 있었습니다. 오래전에 쓰인 책은 문체가 지나치게 딱딱하거나 시대의 변화와는 동떨어져 있어 몇 장 넘겨 보다 결국 덮어야 했던 기억도 납니다.

실무에 몸담으면서도 끊임없이 생겨나는 궁금증을 해소할 창구는 마땅치 않았고, 다양한 실제 사례를 체계적으로 다룬 책은 거의 전무했습니다. 그래서 시간이 날 때마다 M&A 개론서, 실무자를 위한 책 혹은 조금 더 흥미롭게 읽을 수 있는 입문서가 있나 싶어 서점에 들르곤 했지만, 그 기대는 매번 실망으로 돌아왔습니다.

미국과 같은 M&A 선진국에서는 수많은 관련 서적이 활발히 출간되고, 독자층도 다양합니다. 하지만 국내에는 번역된 책조차 드물고, 번역본이 있다 해도 제도와 환경이 상이해 실제로 체감하며 읽기에는 어려움이 많았습니다. 그래도 요즘은 과거보다는 여건이 나아졌지만, 여전히 실무자의 입장에서 M&A를 입체적으로 조망하거나 실제 사례를 중심으로 구성된 한글 서적은 귀한 편입니다. 블로그나 온라인 글들은 파편적인 정보에 그치고, 깊이 있는 실무적 통찰을 기대하기엔 아쉬움이 남습니다.

한국에서 M&A는 아직까지도 일부 전문가들의 영역으로 인식됩니다. 일반 기업에게는 다소 낯설고, 설령 다뤄지더라도 전략 팀이나 신사업 팀에서 제한적으로 접근하는 것에 그치는 경우가 많습니다. 회계법인, 법무법인, 컨설팅 회사도 M&A에 관여하긴 하지만, 이 일이 왜 중요하며 전체 맥락에서 어떤 의미를 갖는지를 종합적인 시각에서 바라보고 이해하기는 쉽지 않습니다.

이 책은 그런 고민 속에서 시작되었습니다. 아직도 배울 것이 많은 입장이지만 회계법인, 법무법인, M&A 자문사를 거치며 약 15년간 축적해 온 경험을 바탕으로 M&A를 다양한 관점에서 정리해 보고자 했습니다. 거래의 전 과정을 직접 겪으며, 각 참여자들이 어떤 판단과 고민 속에서 움직이는지, 그리고 한국 M&A 시장만의 특수성은 무엇인지에 대한 고민을 담았습니다.

이 책이 M&A를 처음 접하는 분들께는 작은 안내서가 되고, 이미 실무에 있는 분들께는 자신의 역할이 어떤 목적과 의미를 갖는지 돌아볼 계기가 되었으면 합니다. 무엇보다, 그동안 막막하고 어렵게 느껴졌던 부분에 대한 실마리를 단 하나라도 제공할 수 있다면, 이 책의 역할은 충분히 다한 것이라 생각합니다.

장현희

목차

시작하며   004

1부 | 기초부터 시작하는 M&A

1장 M&A란 무엇인가

굳이 힘들게 남의 회사를 사는 이유 – M&A의 다양한 목적   020

체급에 맞는 공식은 따로 있다   028

어떤 회사를 살까?   032

회사를 살까, 부동산을 살까?   040

2장 시작부터 끝까지, M&A의 5가지 단계

제1단계: 초기 기획   050

제2단계: 타깃 선정 및 협상   055

제3단계: 실사   059

제4단계: 계약 체결 및 클로징   062

제5단계: 거래 후 통합   064

2부 | 본격적인 M&A 실무를 위하여

3장 이 회사, 사도 괜찮을까? – 대상 회사 분석법

핵심 가치는 무엇인가   070

진입장벽을 어떻게 구축하는가   073

비즈니스가 안정적인가   077

대표자의 영향력이 어느 정도인가   080

시장은 어디로 향하는가   083

리스크는 어느 정도인가   085

4장 이 회사, 가치는 얼마일까? – 가치 평가 실무 전략

가치 평가의 세 가지 방법   088

매출과 공헌이익으로 읽는 수익 구조   095

이익을 둘러싼 핵심 지표들   102

지배력을 사는 경영권 프리미엄   106

본질적 가치를 검증하는 실사   109

5장 매도자를 위한 6가지 조언

매각 결정을 과소평가하지 마라   114

매각을 고려할 때 점검해야 할 사항들   117

첫인상은 중요하다   **120**

자문사를 활용하라   **122**

팔릴 때 팔아야 한다   **124**

어떻게 하면 비싸게 팔지 고민하라   **126**

6장 매수자를 위한 5가지 조언

리스크를 회피하라   **129**

엑시트 전략을 미리 고려하라   **132**

어떻게 하면 싸게 살지 고민하라   **134**

좋은 딜을 발굴하라   **136**

투자 기준을 설정하라   **138**

7장 M&A 실전 개념 완성

M&A 자문사의 역할   **141**

재무적 투자자의 유형별 특징   **145**

사모펀드의 투자 구조   **148**

소규모 M&A 모델, 서치펀드   **149**

헷갈리는 투자 용어 바로잡기   **152**

권리를 좌우하는 지분율   **157**

상장의 득과 실   **159**

정보 수집과 활용의 중요성   **161**

M&A 관련 핵심 문서 이해하기   **163**

3부 | 이슈와 사례로 보는 M&A

8장 **한국 M&A 시장의 흐름 읽기**

한국형 M&A의 특징	170
국가핵심기술과 M&A	174
ESG와 M&A	178
상장 유지와 M&A	180
글로벌 확장과 크로스보더 M&A	183

9장 **한국 M&A 사례 분석**

네이버와 컬리 : 전략적 제휴 및 M&A 추진 사례 분석	187
한화호텔앤드리조트의 아워홈 인수 사례 분석	191
CJ제일제당의 그린바이오사업부 매각 사례 분석	194
SK디앤디의 로컬스티치 인수 사례 분석	197

마치며	201

1부

기초부터 시작하는
M&A

1장

M&A란
무엇인가

요즘은 뉴스나 일상 대화 속에서 'M&A(인수합병)'라는 용어를 쉽게 접할 수 있습니다. 사모펀드가 회사를 인수했다거나, 대기업이 재무구조 개선을 위해 자회사를 매각했다는 소식은 이제 익숙한 뉴스 소재입니다. 회사에 다니는 직장인의 입장에서도 M&A는 실무적으로 먼 이야기만은 아닙니다. 소속 부서와 무관하게 회사 차원의 지분투자나 인수합병 이슈에 간접적으로 노출되거나, 직접 업무 지원을 하게 되는 경우도 적지 않습니다.

겉으로 보기엔 단순히 '회사를 사고파는 일'처럼 보일 수 있지만, M&A는 다양한 주체와 절차, 목적이 얽힌 복합적인 활동입니다. 용어 자체는 익숙해졌지만, 구체적으로 어떤 개념이고 무엇을 의미하는지는 여전히 모호하게 느껴질 수 있습니다. 따라서 본격적인 M&A 이해나 실무적 접근에 앞서, 그 기본 개념과 정의를 명확히 정리해 보는 것이 중요합니다.

M&A는 'Mergers and Acquisitions'의 약자로, 우리말로는 '인수합병'으로 번역됩니다. 이 용어는 크게 두 가지 형태의 거래를 포함합니다. 합병 Merger은 두 개 이상의 기업이 하나의 법인으로 통합되는 방식이며, 이 경우 기존 기업들이 소멸하고 하나의 법인만이 존속하게 됩니다. 반면 인수 Acquisition는 한 기업이 다른 기업의 지분이나 자산을 매입하여 경영권 또는 지배력을 확보하는 방식으로, 법인은 유지하되 소유 구조만 바뀌는 것이 일반적입니다.

실무나 뉴스 기사에서 'M&A'라고 할 때는 주로 합병보다는 인수를 지칭하는 경우가 많으며, 일반적인 의미의 M&A는 '한 기업이 다른 기업을 사들이는 것'으로 이해할 수 있습니다. 참고로, '기업을 인수한다', '주식을 매수한다', '지배력을 확보한다', '경영권 지분을 획득한다' 등은 모두 M&A와 관련해 자주 사용되는 표현들로, 유사한 의미로 쓰입니다.

참고로 '투자'는 M&A와는 구분되는 개념입니다. 투자는 일반적으로 기업의 소수 지분, 채권, 또는 메자닌 상품(주식과 채권의 중간 성격)을 취득함으로써 기업의 성장 가능성에 간접적으로 참여하는 방식입니다. 투자자는 일반적으로 경영권을 확보하지 않으며, 대표이사나 대주주의 경영 판단을 존중하고 의사결정 권한을 위임하는 형태로 관여합니다. 경우에 따라 이사회 참여나 주주권 행사를 통해 제한적인 영향력을 행사할 수 있지만, 기업 경영을 직접 수행하지는 않는 것이 원칙입니다. 반면, M&A는 경영권 자체를 확보하고 기업 운영에 직접 참여하는 것을 목적으로 하며, 의사결정의 주체로서 실질적인 통제권을 행사하게 됩니다. 간단히 말해, 투자가 '지원' 중심의 간접적 참여라면 M&A는 '통제'와 '운영'을 전제로 한 직접적 개입이라 할 수 있습니다.

M&A는 기본적으로 두 명의 핵심 당사자, 즉 회사를 사는 측인 매수자Buyer와 파는 측인 매도자Seller 간의 거래입니다. 해당 당사자들이 M&A에 왜 참여하는지, 그 목적을 살펴보면 이해도가 조금 더 높아질 것 같습니다.

먼저 매도자 측면에서 M&A에 참여하는 이유는 다양할 수 있습니다. 대표적으로는 후계자가 없어 발생하는 경영권 승계 문제, 유동성 확보를 위한 자금 수요, 사모펀드PEF나 벤처 캐피털VC과 같은 재무적 투자자의 투자 회수, 비핵심 사업 정리나 전략 재편을 위한 사업 구조 개편, 공동 창업자 간의 지분 정리, 내부 갈등 해결 등 다양한 원인이 있습니다.

사유는 제각각이지만, 대부분의 매도자는 공통적으로 '가장 높은 가격에 회사를 매각하는 것'을 최우선 목표로 삼습니다. 그 밖에 거래 속도, 거래 종결의 확실성, 거래 이후의 분쟁 가능성 등도 중요한 판단 기준이며, 일부 매도자는 회사를 '좋은 주인'에게 넘겨 회사의 성장 및 가치 보전을 꾀하거나 직원의 대우를 높이는 등의 정성적인 동기를 갖기도 합니다. 그러나 실무적으로나 경험적으로 보았을 때 매도자들에게 가장 중요한 목적은 높은 기업 가치를 인정받는 것일 경우가 가장 많으며, 이러한 점에서 매도자의 기대는 대체로 유사하다고 볼 수 있습니다.

매수자의 동기를 살펴보면, 표면적으로는 매도자와 유사하게 '우량한 기업을 합리적인 가격에 인수한다'는 재무적 목적이 먼저 떠오르지만, 실무적으로는 이보다 훨씬 복합적이고 전략적인 이유들이 존재합니다. 기업을 인수한다는 것은 단순한 자산 확보를 넘어 조직, 인력, 기술, 고객 기반, 브랜드 등 무형의 가치를 포함한 전체 사업 역량을 함께 취득하는 결정이기 때문입니다.

이러한 M&A 추진 동기는 매수자의 유형에 따라 다소 차이를 보이며, 일반적으로 매수자는 전략적 투자자Strategic Investor, SI와 재무적 투자자Financial Investor, FI로 구분됩니다. 전략적 투자자는 기존 사업과의 시너지나 경쟁력 강화를 목적으로 M&A를 추진하는 주체로, 일반 기업이나 개인사업자가 이에 해당합니다. 반면 재무적 투자자는 투자 수익의 극대화를 목적으로 하는 주체로, 사모펀드, 벤처 캐피털, 자산운용사 등과 같은 금융기관이 대표적입니다. 이처럼 매수자의 유형에 따라 M&A의 목적과 접근 방식은 달라지며, 이러한 구분은 거래 구조와 협상 전략을 이해하는 데 중요한 기준이 됩니다.

먼저, 전략적 투자자인 기업은 생존과 성장을 위해 M&A를 선택합니다. 시장 변화, 경쟁 심화, 인플레이션 등 외부 환경이 급변하는 상황에서 자생적인 성장만으로는 한계가 있기 때문입니다. 지속적인 성장을 위해 새로운 동력을 확보하고자 한다면, 이미 시장성과 사업성이 어느 정도 입증된 회사를 인수하는 것이 속도, 효율성, 리스크 관리 측면에서 유리할 수 있습니다. M&A를 하는 것이 새로운 사업을 시작하는 것보다 더 빠르게 수익을 낼 수 있고, 실패 가능성도 상대적으로 낮을 수 있기 때문입니다.

또한, 전략적 투자자는 M&A를 통해 여러 가지 자산을 취득하거나 내재화할 수 있습니다. 다시 말하자면 일반적으로 시장에서 돈을 주고 구매할 수 있는 자원도 있으나 그렇지 않은 경우도 많기 때문에 M&A를 선택하는 것입니다. 예를 들면, 시장 점유율 확대, 고객사 확보, 원재료 구매처 확보, 인력 확보, 불필요한 비용 절감, 기술 및 특허 확보, 자산 인수 등 다양한 경우가 있으며, 기존 회사와 관련성이 있는 경우 높은 시너지 효과도 기대할 수 있습니다.

반면, 사모펀드와 같은 재무적 투자자는 수익을 극대화하기 위한 목적으로 M&A에 참여합니다. 이들은 일반적으로 회사를 싸게 인수하여 개선한 후 높은 가격에 매각하는 방식으로 수익을 추구합니다. 저평가되어 있는 회사를 적극적으로 발굴하여 인수하며, 일정 기간 동안 회사의 가치를 높이기 위해 인수합병 후 통합 작업PMI, 볼트온 Bolt-on, 구조조정, 비용효율화, 투자 등 다양한 전략을 취합니다. 그리고 적절한 타이밍에 최대의 가격으로 매각을 하려고 합니다. 이러한 재무적 투자자의 M&A는 일정 기간 동안 기업의 가치를 높이고, 회사가 최고의 가격으로 평가받는 데 집중하여 향후 매각 또는 IPO 등의 방식으로 수익을 실현합니다.

이처럼 M&A는 단순한 지분 거래를 넘어 전략적 목표 달성, 투자 수익 실현, 경영권 확보, 경영 승계 등 다양한 목적을 위해 이루어집니다. 스타트업이나 기술 기업처럼 직접 상장이 어려운 기업이 이미 상장된 회사를 흡수합병함으로써 간접적으로 상장을 달성하는 '역합병Reverse Merger'도 흔히 활용되는 방식 중 하나입니다. 거래의 주체인 매수자와 매도자의 성격에 따라 접근 방식도 달라지며, 전략, 재무, 법률, 세무, 조직문화 등 여러 요소가 유기적으로 얽힌 복합적인 의사 결정 과정이라 할 수 있습니다. 각각의 M&A는 구체적인 목적과 배경에 따라 다양한 방식으로 설계되지만, 본질적으로는 여러 인수 주체가 각자의 목적을 가지고 '회사'라는 경제적 실체를 사고파는 행위라는 점을 기억해 두면 M&A의 전체 구조를 이해하는 데 도움이 될 것입니다.

굳이 힘들게 남의 회사를 사는 이유 ——————➤
– M&A의 다양한 목적

1 │ 시장 목적의 M&A(Market Perspective M&A)

기업은 시장 내에서 경쟁력을 강화하거나 새로운 산업으로 진출하기 위해 M&A를 활용할 수 있습니다. 이러한 목적의 M&A는 기업이속해 있는 시장을 기준으로 '수평적 M&A', '수직적 M&A', 그리고 '다각도 M&A'라는 세 가지 종류로 나눌 수 있습니다. 주로 대기업이 쓰는 전략이지만 중소기업 또한 충분히 활용할 수 있습니다.

수평적 M&A(Horizontal M&A): 수평적 M&A는 동일한 산업 내에서 유사한 제품이나 서비스를 제공하는 기업 간의 인수합병을 의미합니다. 기업은 수평적 M&A를 통해 동일 산업 내 경쟁 기업을 인수하여 시장 점유율을 확대하거나 경쟁사를 제거하는 전략을 취할수 있습니다. 그리고 그 결과로 독과점 사업의 수많은 혜택을 누릴 수 있게 됩니다. 하지만 독과점은 경쟁을 제한할 가능성이 있어 거래 상황에 따라 규제 당국의 승인이 필요하며, 글로벌 합병 승인이나 선행 조건 해결 등 어려운 인수 과정을 극복해야 한다는 점이 부담으로 작용할 수도 있습니다. 한 예로, 대한항공의 아시아나 인수는 항공업계에서의 시장 점유율을 늘리고 경쟁을 없애는 효과를 가져올 수 있습니다. 그러나 동시에 이 M&A는 글로벌 합병 승인의 난관을 겪었으며 오랜 기간과 상당한 비용이 소요되었습니다.

수직적 M&A(Vertical M&A): 수직적 M&A는 공급망, 즉 밸류 체인Value Chain의 상위 또는 하위 단계에 있는 기업을 인수하여 제조, 유통, 원자재 조달 등의 과정을 통합함으로써 원가 절감과 운영 효율성을 높이는 전략입니다. 예를 들어 브랜드 기업이 제품 생산 공장을 인수해 생산 원가를 낮추거나, 제조 전문 기업(OEM, ODM 등)이 유통망 또는 브랜드를 확보하여 최종 소비자 시장에 직접 진출하는 경우가 이에 해당합니다.

다만 실무에서는 밸류 체인의 각 단계 간 비즈니스 특성의 차이, 협상력의 불균형, 또는 관계사와의 이해 충돌 등으로 인해 수직적 M&A의 필요성을 느끼지 못하거나 오히려 리스크로 인식하는 경우도 많습니다. 예를 들어 제조업은 기술력과 생산 효율을 중시하는 반면, 브랜드 기업은 마케팅과 고객 중심 전략에 초점을 두기 때문에 두 사업 간 결이 맞지 않을 수 있습니다. 또한, 한 기업을 인수함으로써 경쟁 관계에 있는 다른 파트너사와의 거래가 위축되거나 시장 내 중립성이 훼손되는 등의 단점도 존재합니다. 따라서 수직적 M&A는 분명한 시너지를 기대할 수 있는 전략이긴 하나, 산업 특성과 각 기업의 사업 구조를 면밀히 고려한 접근이 필요합니다.

다각화 M&A(Diversifying M&A): 다각화 M&A는 기존 사업과 관련이 적

거나 전혀 없는 업종의 기업을 인수 또는 합병하는 것을 말합니다. 기업은 기존 사업과 무관한 새로운 산업으로의 확장을 통해 리스크를 분산하고 신규 시장에 진입하는 전략으로 다각화 M&A 라는 방법을 선택합니다. 한국의 대기업들이 전자, 의류, 보험, 엔터테인먼트 등 다양한 분야의 사업을 전개하는 것이 대표적인 예입니다. 직접적인 시너지가 없더라도 대기업의 브랜드 가치, 업무 시스템 등을 활용할 수도 있고, 여러 산업에 걸쳐 있기 때문에 특정 이슈로 인해 전체 그룹의 현금 흐름이 흔들리지 않도록 리스크를 분산해 준다는 장점이 있습니다.

2 | 전략적 목적의 M&A(Strategic Perspective M&A)

전략적 M&A는 재무적 M&A의 상대적 개념으로, 장기적인 경쟁력 확보와 시너지 효과의 극대화를 주요 목적으로 합니다. 따라서 인수 대상을 선택할 때 단순히 재무적인 이익보다도 전략적 측면에서 잘 어우러질 수 있는지를 핵심적으로 고려하게 됩니다. (물론, 보통은 두 마리 토끼를 모두 잡기 위해 노력합니다.)

일반적으로 시장에서는 이런 M&A를 추진하는 기업을 전략적 투자자라고 부릅니다. 이들은 M&A를 통해 기술, 핵심 인재, 고객 기반, 유통 채널, 브랜드 자산 등 대상 회사가 보유한 전략적 자산을 한 번에 확보하고자 합니다. 따라서 어떤 자산이 필요한지, 대상 기업이 그것을 제공할 수 있는지, 인수를 통해 자사의 핵심 역량을 얼마나 효과적으로 강화할 수 있을지를 중심으로 분석과 검토가 이루어집니다.

볼트온 M&A(Bolt-On M&A): 롤오버 M&A Rollover M&A 라고도 불리는 이 방식은 전략적 M&A에 포함되는 개념으로 볼 수 있습니다. 매수자가 한 회사를 인수한 뒤, 그와 유사한 산업에서 다른 회사를 추가로 인수하여 둘을 통합함으로써 규모의 경제를 실현하고 시너지 효과를 창출하는 전략입니다. '바이아웃 Buy-Out'[1] 중심의 사모펀드 등이 인수한 회사를 더 성장시키기 위해 자주 활용하는 수단입니다.

볼트온 전략의 흥미로운 요소 중 하나는 배수, 즉 '멀티플 Mulitple' 차이를 활용한 레버리지가 가능하다는 점입니다. 뒤에서 별도의 주제로 다루겠지만, 멀티플은 가장 널리 사용되는 기업 가치 평가 Valuation 방법 중 하나로, 주로 영업이익이나 EBITDA와 같은 재무 지표에 특정 배수(멀티플)를 곱해 기업 가치를 산정하는 방식입니다. 예를 들어 연간 10억 원의 EBITDA를 기록하는 회사에 10배 멀티플을 적용하면, 해당 기업의 가치는 100억 원으로 평가되는 셈입니다.

일반적으로 산업 및 사업의 성장성이 높을수록 멀티플이 높고, 전통 산업이나 저성장 기업은 멀티플이 낮은 경향이 있습니다. 이러한 구조를 활용하면 높은 멀티플의 성장 기업이 낮은 멀티플

---

1   기업의 경영권 지분을 확보하는 투자 방식.

의 기업을 인수함으로써 인수한 자산이 상대적으로 높게 평가되며 전체 기업 가치가 상승하는 효과를 기대할 수 있습니다. 이 같은 전략은 국내외를 불문하고 사모펀드나 전략적 투자자들이 널리 활용하는 구조적 가치 제고 방식입니다.

카브아웃 M&A(Carve-Out M&A): 카브아웃 M&A는 전체 기업이 아닌 일부 사업 부문이나 자회사만을 분리하여 매각하는 M&A 형태를 말합니다. 즉, 핵심적이지 않은 특정 사업부 또는 자산만을 외부에 매각하거나, 독립된 법인으로 분리한 후 일부 또는 전체 지분을 매각하는 방식입니다. 비핵심 사업을 분리하여 매각하면 현금을 확보하여 핵심 사업에 더 주력할 수 있습니다. 물론 때로는 핵심 사업이라고 해도 필요에 따라 현금 마련을 위해 떼어서 파는 경우가 있습니다. 이 또한 카브아웃 M&A의 한 종류에 해당합니다.

에셋 딜 M&A(Asset Deal M&A): '에셋 딜'은 주식이 아닌 자산을 대상으로 하는 M&A의 한가지 형태로, 영업 양수도 또는 자산 양수도 방식으로 특정 사업부, 브랜드, 공장, 기술 등 개별 자산을 거래하는 방식입니다. 매수자는 필요한 자산만 선택적으로 확보할 수 있으며, 일반적으로 필수적인 영업 관련 부채 외에 금융 부채 등을 승계하지 않고, 법적·세무적 리스크, 고용 또한 승계하지 않는 장점이 있습니다. 이를 통해 잠재적인 리스크(우발 부채, 소송 이슈 등)를 매수자가 떠안지 않을 수 있습니다. 그러나 계약 구조가 복잡하

고, 인허가, 라이선스, 공급계약 등 자산 외적 권리의 이전이 제한
될 수 있기 때문에 일반적인 주식 거래 방식에 비해 실사 및 실행
가능성 검토가 더욱 중요하며, 실행에 있어서도 신경 쓸 부분이
많습니다. 에셋 딜은 특히 사업 일부만을 정리하고자 하거나, 청
산이 어려운 상황에서 유용한 대안으로 활용되기도 합니다.

3 | 재무적 목적의 M&A(Financial Perspective M&A)

지금까지 다양한 전략적 목적들을 살펴보았지만, 가장 본질적이고
핵심적인 M&A의 가치는 높은 수익 실현이 가능하다는 점입니다.
전략적 투자자도 해당 M&A가 재무적 가치가 있는지 반드시 면밀
히 분석한 후에 투자 결정을 내립니다. M&A를 재무적 측면에서 성
공적으로 수행하는 것은 꼭 추후 매각을 계획하고 있지 않더라도 기
업 입장에서 여러 중요한 의미를 가집니다. 이 유형의 M&A는 보통
상대적으로 저렴한 가격에 기업을 인수한 후 가치 제고를 통해 기업
가치를 높이고, 이후 더 높은 가격에 매각함으로써 수익을 극대화하
는 것을 목적으로 합니다. 이러한 방식으로 M&A를 추진하는 주체
를 일반적으로 재무적 투자자라고 하며, 대표적인 예로는 사모펀드
가 있습니다.

이들이 인수 후 진행하는 가치 제고 활동은 일반적으로 '밸류업
Value-Up'이라고 부르며, 여기에는 두 기업을 통합하는 PMI Post-Merger
Integration, 운영 효율성을 개선하는 OE Operational Excellence 등 다양한
경영 개선 활동이 포함됩니다. (실무에서는 이러한 용어들이 혼용되기도 합니

다.) 재무적 투자자는 장기적인 운영보다는 일정 기간 내에 기업 가치를 빠르게 끌어올린 후 매각하는 것을 목표로 하기 때문에 보통 3~5년 내에 집중적으로 밸류업 전략을 실행하는 경향이 있습니다.

4 | 상장 목적의 M&A(IPO Perspective M&A)

기업은 일반적인 기업공개Initial Public Offering, IPO보다 더 빠르고 효율적인 방식으로 상장을 추진하기 위해 M&A를 활용할 수 있습니다. 대표적인 방식은 두 가지입니다. 첫 번째는 비상장 기업이 이미 상장된 기업을 인수합병하여 상장의 효과를 노리는 '우회 상장'이고 두 번째는 상장을 목적으로 설립된 기업인 SPACSpecial Purpose Acquisition Company와의 합병을 통한 상장입니다.

　최근에는 상장 심사 기준이 강화되면서, 상장을 준비하거나 상장 자격을 유지하기 위해서 일정 수준 이상의 재무 요건을 충족해야 하는 경우가 늘고 있습니다. 이에 따라 상장 실현 수단으로서의 M&A 수요는 증가할 가능성이 높습니다. 이러한 형태의 M&A는 유사 산업 내에서 일정 수준의 매출과 이익을 갖춘 기업을 인수하는 전략으로, 앞서 설명한 전략적 목적의 M&A, 특히 볼트온 방식과 유사한 구조로 볼 수 있습니다.

　역합병(Reverse Merger): 비상장 기업이 상장 기업을 인수합병하면서, 상장사가 법적으로 존속하고 비상장사는 소멸하는 구조를 의미합니다. (일반적인 인수합병의 구조와 반대되기에 역합병이라고 합니다.) 합병 이후에는 비상장사의 사업, 경영진, 자산이 상장사로 이전되며, 실질적으로는 비상장사가 상장하는 효과를 얻게 됩니다. 이 관계에서 실질적인 알맹이인 비상장사를 진주Pearl에, 상장사를 조개 껍데기Shell에 비유하여 비상장사와 상장사를 각각 '펄 컴퍼니Pearl Company', '쉘 컴퍼니Shell Company'라고 부릅니다.

SPAC 합병(SPAC Merger): SPAC은 'Special Purpose Acquisition Company(기업인수목적회사)'의 약자로, 유망한 비상장 회사의 원활한 상장을 유도하고 자본시장 내 M&A를 활성화하려는 등의 취지로 도입된 제도입니다. 앞에서 소개한 역합병과 유사한 형태를 제도화한 것이라고 볼 수 있습니다.

SPAC 방식은 전통적인 IPO에 비해 절차가 간소해 상장까지의 소요 기간이 짧다는 장점이 있어, 시장 불확실성이 높은 상황에서 유연하게 활용될 수 있습니다. 반면에 SPAC 투자자 입장에서는 불확실한 합병 대상, 정보 비대칭, 주식 희석의 우려 등 한계도 존재합니다.

5 | 경영권 목적의 M&A(Management Right Perspective M&A)

실무에서 M&A는 일반적으로 경영권 지분 인수를 의미하며, 주로 기업을 완전히 인수한다는 개념인 '바이아웃'으로 주로 표현됩니다. 이는 성장 자금을 투입하는 그로스 투자Growth Investment와는 대비됩니다.

경영권 지분 인수는 우호적Friendly M&A일 수도 있고, 적대적Hostile M&A일 수도 있습니다. 우호적 M&A는 양측의 합의하에 진행되며, 협상이 원활하게 이루어지고, 시너지 효과를 기대할 수 있습니다. 반면에 적대적 M&A는 기존 경영진의 동의 없이 주식을 매입하여 경영권을 장악하는 방식으로, 대상 기업의 방어 전략이 중요한 역할을 합니다.

전통적으로 국내에서는 복잡한 지배구조, 법·제도적 환경, 정치·문화적 요인 등 여러 이유로 적대적 M&A가 흔하지 않았으나, 최근 행동주의 펀드Activist Funds의 활동이 활발해지면서 변화의 조짐이 나타나고 있습니다. 행동주의 펀드는 소수 주주로서의 권리 행사를 넘어 경영에 직접 개입하는 전략을 취하며, 이는 향후 국내에서도 적대적 M&A의 가능성을 높이는 요인이 될 수 있어 보입니다.

체급에 맞는 공식은 따로 있다 ────────────▸

대기업의 M&A

대기업은 일반적으로 대규모 자본과 M&A를 검토할 수 있는 다수의 전문 인력을 보유하고 있습니다. 주로 글로벌 시장에서 경쟁력을 강화하기 위한 성장 전략의 일환으로 M&A를 고려하며, 기본적으로 대상 회사의 단기적인 재무 성과보다는 인수를 통해 대상 기업과 어떤 시너지 효과를 낼 수 있을 것인지를 검토합니다.

목적과 주체: 대기업 M&A는 시장 지배력 확대, 시너지 효과 창출, 글로벌 확장을 주요 목표로 삼으며, 비용을 절감하거나 특정 기술 및 자원을 확보하기 위해 추진되는 경우가 많습니다. 대부분 거래의 규모가 상당하고, 검토하는 팀의 규모도 크기 때문에 거래의 목적Rationale 및 실사, 가치 평가의 수준이 정교하며 의사결정 및 딜 프로세스가 다소 오래 걸리는 편입니다. 실무진의 검토와 준비, 주주들과 오너 사이의 의견 교환을 바탕으로 진행됩니다.

거래 구조와 자금 조달 방식: 글로벌 투자은행IB이나 대형 회계법인, 대형 로펌 등이 주도하는 경우가 많으며, 경쟁적인 입찰 과정을 거쳐 거래가 성사됩니다. 자체 자금을 많이 활용하긴 하지만, 은행 차입이나 사모펀드 투자, 주식 교환 등의 복잡한 금융 구조를 활용하는 경우 또한 많습니다. 대기업은 높은 신용도와 많은 자산, 비교적 튼튼한 현금 흐름이 뒷받침되고, 거래의 규모도 크기 때문에 다양한 경로로 자금 조달을 고민해 볼 수 있습니다.

리스크 평가: 대기업 M&A는 일반적으로 거래 규모가 크고, 내부적인 컴플라이언스가 고도화되어 있어 법률, 재무, 세무, 운영 등 광범위한 실사가 이루어지는 편이며, 복수의 외부 자문사가 참여하여 정밀한 검토를 진행합니다. 따라서 검토 수준이 높아 상대적으로 리스크가 사전에 발견될 가능성이 큽니다. 다만 의사결정 측면에서 속도가 느릴 수 있고, 딜 구조 및 리스크와 관련한 협상

항목의 변화에 유연하게 대처하기 어려울 수 있습니다.

인수 후 통합(PMI) 과정: 상대적으로 체계적인 관리 시스템을 보유하고 있어 인수 후 비교적 명확한 프로세스를 따르거나 PMI 컨설팅 회사의 주도로 통합이 진행될 수 있습니다. 다만 조직이 큰 만큼 더 정교하게 진행할 필요가 있으며, 대기업의 기업 문화와 비교했을 때 상대적으로 이질적일 수 있는 중소기업의 문화가 충돌을 일으켜 통합에 어려움을 겪는 경우도 많이 있는 편입니다.

중소·중견기업의 M&A

중소·중견기업SME은 대기업에 비해 상대적으로 M&A 규모가 작습니다. 전문 인력과 정보가 다소 부족하고, 자문사들이 해당 회사의 M&A 추진을 모르고 있을 가능성도 높습니다. 그리고 주로 오너(창업가 및 주주)를 중심으로 M&A가 고려되는 경향이 있습니다. (물론 우리나라의 경우 대기업도 오너 중심으로 의사결정이 진행되는 경우가 많습니다.) 중소·중견기업이 M&A를 고려하는 이유는 경영권 승계 및 은퇴, 다른 사업을 위한 매각(이종 산업으로의 전환) 등 다양합니다.

최근에는 중소·중견기업에서도 M&A가 점점 더 중요하고 실행 가능한 전략으로 자리를 잡아 가고 있습니다. 중소·중견기업의 M&A는 대기업의 M&A와는 다른 접근 방식과 전략을 요구하며, 더 실용적이고 유연한 태도가 필요합니다. 기업의 특성을 고려한 맞춤형 거래 구조를 설계하고 경영권 이전 후의 조직 안정성을 확보하는 것이 중소·중견기업 M&A 성공의 핵심 요소라 할 수 있습니다.

목적과 주체: 중소·중견기업의 M&A는 경영권 승계, 창업자의 엑시트Exit, 신규 시장 진출 등의 목적이 더 뚜렷합니다. 오너의 의지와 판단으로 M&A가 추진되는 경우가 많으며, 서로 아는 사람이나 회사 간의 거래로 종결되는 경우도 잦습니다. 동시에 M&A에 대한 전문성 부족으로 자문사의 도움이 크게 작용하고, 사모펀드의 도움을 받기도 합니다. 특히, 창업자가 핵심 의사결정권자로 회사를 운영해 온 사례가 많아, 후계자 부재로 인한 승계 목적의 매각이 주요 요인 중 하나입니다.

거래 구조와 자금 조달 방식: 앞서 언급한 것처럼 네트워크 기반의 거래가 많고 비공식적인 협상 과정이 중요하게 작용합니다. 중개회사Advisory Firm가 개입해 핵심적인 역할을 하기도 합니다. 거래는 주로 매수자가 직접 자금을 조달하여 현금으로 인수하는, 비교적 단순한 구조로 진행됩니다. 보통 M&A 규모 자체가 작기 때문입니다. 또한, 중소·중견기업의 경우 기업 가치 평가도 대기업보다 정형화되지 않은 경우가 많아, EBITDA 배수[2] 또는 멀티플을 활용한 평가가 일반적으로 적용됩니다.

---

2   기업 가치를 이익으로 나눈 값. 이익 대비 기업 가치가 몇 배인지를 뜻한다.

리스크 평가: 관리 체계가 미비하거나 외부 감사를 받지 않는 경우가 많아 잠재적 리스크를 더욱 주의 깊게 평가해야 합니다. 하지만 아이러니하게도 실사 비용에 대한 부담 때문에 대기업 M&A보다 검토의 수준이 대체로 제한적인 편입니다. 매수자라면 이러한 리스크를 가격이나 계약서에 반영하는 것이 중요합니다.

인수 후 통합(PMI) 과정: 특별한 체계 및 기준이 없는 경우가 많아 통합에 난항을 겪을 수 있습니다. 특히 창업자가 직접 운영하던 기업의 경우, 인수 후 조직 안정성을 유지하는 것이 핵심 과제가 됩니다. 작은 회사일수록 대표자·창업자의 역할이 차지하는 비중이 크기 때문입니다. 그러나 중소·중견기업 간에 M&A가 이루어지는 경우, 보통 규모가 작기 때문에 회사 및 직원 전체를 파악하기가 상대적으로 수월하고, 매수자가 직접 PMI를 주도할 기회가 많기 때문에 보다 적극적인 통합이 실행될 수 있다는 장점도 존재합니다.

어떤 회사를 살까?

중소기업을 인수한다면?

중소기업 M&A는 효과적인 성장 전략이 될 수 있습니다. 중소기업은 일반적으로 시장에서 저평가되는 경우가 많기 때문입니다. 이러한 특성은 매수자에게 비교적 낮은 가격으로 기업을 인수할 수 있는 기회를 줍니다.

중소기업이 낮은 가치 평가를 받는 이유는 인수 시장의 참여자(바이어)가 적어 인수 경쟁이 덜 치열하고, 기업 규모가 작으며, 경영자 변동에 따른 리스크가 크기 때문입니다. 이러한 특성을 고려할 때 위 리스크들을 피하거나 최소화할 수 있다면 매수자에게 유리할 수 있으며, 상대적으로 낮은 가격에 기업을 인수하여 높은 성장(높은 가격에 재매각하는 경우 포함)을 꾀할 기회를 제공합니다.

중소기업을 여러 개 인수하여 합병하거나, 한 개의 기업이라도 인수 이후 기업 가치를 높여 일정 규모 이상으로 키운다면, 이를 통해 사모펀드PE나 전략적 투자자들에게 매각할 기회를 확보할 수 있습니다. 또한 기업이 일정 수준의 규모에 도달하면, 상장IPO 또한 고려할 수 있어 투자 회수(엑시트) 전략의 선택지가 넓어집니다. 중소기업들은 체계적으로 정비되지 않은 부분이 많아 개선 여지가 크며, 이를 효과적으로 정리하고 운영 효율성을 높이면 기업 가치를 크게 향상할 수 있습니다. 이는 인수 후 경영 개선을 통해 기업 가치를 높이는 밸류업Value-Up 전략의 핵심 요소가 됩니다.

최근 디지털 커머스 및 소비재 산업에서 특히 주목받고 있는 것은 '애그리게이터Aggregator'라는 사업 모델입니다. 이 모델은 브랜드를 처음부터 직접 만들기보다는, 이미 존재하는 소규모 브랜드를 인수한 후 자사의 운영 인프라 및 역량을 통해 브랜드를 성장시키는 방식으로 수익을 창출합니다. 이러한 접근 방식은 '브랜드를 사서 키운다Buy and Build'라는 전략으로 요약될 수 있습니다.

대표적인 글로벌 사례로는 미국의 스라시오Thrasio와 싱가포르의 레인포레스트Rainforest가 있습니다. 이들 기업은 아마존과 같은 온라인 마켓플레이스를 기반으로 성장 중인 판매자나 브랜드를 빠르게 확보한 뒤, 통합된 물류, 고객관리CRM, 마케팅 등의 인프라를 활용하여 수익성을 극대화하는 구조를 취하고 있습니다.

이들이 주로 인수하는 대상은 일반적으로 규모가 작고, 표준화된 운영 체계를 갖추지 못했거나 브랜드 확장 전략이 미흡한 사업체입니다. 그러나 동시에 제품력이나 브랜드 정체성과 같은 핵심 가치를 보유하고 있으며, 적절한 운영 역량이 결합된다면 성장이 가능한 잠재력을 지녔다고 평가받는 곳들이기도 합니다.

이러한 애그리게이터 모델이 진행하는 소규모 M&A 거래 역시 상대적으로 낮은 멀티플로 이루어지는 경향이 있습니다. 일반적으로는 연간 이익의 약 3배에서 많게는 5배 수준의 기업 가치를 적용합니다. 이는 투자자 입장에서 실적 검증의 어려움, 사업 지속에 대한 불확실성, 높은 대표자 의존도, 그리고 재무 구조의 비표준화 등의 리스크 요인을 반영한 결과로 판단됩니다.

결론적으로, 애그리게이터 사업 모델은 표준화되지 않은 초기 브랜드를 확보한 후, 자사의 체계화된 운영 시스템을 통해 빠르게 수익성과 가치를 높이는 전략을 기반으로 합니다. 이러한 구조는 특히 온라인 채널 기반의 산업에서 유효하게 작동하며 빠른 확장을 가능하게 합니다. 인수 대상 기업의 규모는 작지만 성장 여력이 크다고 판단될 때 가장 큰 효과를 발휘하는 것으로 보입니다. 이 효과를 극대화하기 위해 매수자인 애그리게이터는 다양한 인수 자산들을 효율적으로 운영할 수 있는 관리 역량이 있어야 합니다.

애그리게이터가 인수하는 소규모 브랜드들처럼, 중소기업들 중에는 특정 분야에서 핵심 기술이나 강점을 보유한 기업이 많습니다. 이들을 전략적으로 결합하면 서로의 부족한 부분을 보완하여 강력한 시너지를 창출할 수 있습니다. 이를 통해 개별 기업으로 존재할 때보다 더 큰 경쟁력을 확보할 수 있으며, 시장 내에서의 입지를 더욱 강화할 수 있습니다.

이처럼 중소기업 M&A는 낮은 기업 가치로 인수한 기업을 성장시키고, 규모를 확장하며, 기업 가치를 높일 기회를 제공하는 전략적인 접근법이 될 수 있습니다. 적절한 운영 개선과 시너지 창출을 통해 인수한 기업의 가치를 극대화할 수 있으며, 이를 바탕으로 성공적인 매각이나 상장을 추진할 수도 있습니다. 이러한 점에서 중소기업 M&A는 기업의 성장과 가치 증대를 위한 효과적인 방법으로 활용될 수 있습니다.

스타트업을 인수한다면?

비상장 스타트업과의 M&A는 일반적인 중견기업이나 전통적인 기업과의 거래와 비교해 몇 가지 중요한 차이점과 리스크 요인이 존재합니다. 스타트업은 특성상 불확실성이 크고, 재무 구조나 조직 체계가 아직 안정되지 않은 경우가 많기 때문에 이에 대한 충분한 이해와 대비가 필요합니다.

우선 스타트업은 실적보다 '성장 가능성'을 중심으로 평가받는 경우가 많습니다. 전통적인 기업은 매출, 이익, 현금 흐름 등 구체적인 수치를 중심으로 가치 평가를 하지만, 스타트업은 시장 성장성, 고객 확보 속도, 기술력, 팀 구성 등을 기반으로 미래 가치를 상정하는 경우가 많습니다. 이에 따라 DCF나 멀티플이 아닌 벤처 캐피털 방식의 가치 평가 논리가 적용되기도 합니다.

또한 스타트업의 지분 구조는 복잡한 경우가 많습니다. 초기 투자자, 시리즈별로 참여한 벤처 캐피털, 공동 창업자, 스톡옵션을 보유한 직원 등 다양한 이해관계자가 얽혀 있는 경우가 많으며, 보통주의 비율이 상대적으로 낮고 RCPS, CB 등 다양한 우선권이 결합되어 있는 경우가 많습니다. 따라서 M&A 과정에서는 회사의 지분을 누가 얼마나 갖고 있는지 보여 주는 자본금 표Cap Table 분석이 필수적이며, 우선주의 전환 조건, 상환 조건, 청산 우선권liquidation preference 등의 조항을 세밀히 검토해야 합니다.

스타트업의 기존 투자자인 벤처 캐피털의 역할도 중요합니다. 벤처 캐피털은 단순한 투자자가 아니라, 보통 이사회에 참여하며 회사의 주요 의사결정에 영향을 미치는 경우가 많습니다. M&A를 진행할 때 벤처 캐피털의 엑시트 조건이나 보장, 동반매도권Tag-along, 강제매도권Drag-along 등 투자 계약서의 관련 조항이 M&A 구조에 결정적 영향을 미칠 수 있으므로 사전에 충분한 협의가 필요합니다.

마지막으로, 스타트업은 문서화 수준이나 내부 통제가 미흡한 경우가 많아 실사 단계에서 확인할 정보가 부족하거나 불완전할 수 있습니다. 주요 계약서가 비공식적인 형태로 존재하거나, 회계 자료가 외부 감사를 거치지 않은 경우도 많습니다. 따라서 거래 전 재무적 검증Due Diligence의 범위를 확대하거나 진술 및 보장Representations & Warranties 조항을 강화하는 방식으로 리스크를 보완하는 것이 바람직합니다.

비상장 스타트업과의 M&A는 불확실성이 크지만, 성공 시에는 높은 수익을 기대할 수 있는 구조입니다. 다만 그만큼 세밀한 검토와 전략적 접근이 요구되며, 단순한 재무 분석 이상으로 자본금 표, 계약 구조, 인적 구성 등 전반에 걸친 통합적인 이해가 필요합니다.

자영업 사업체를 인수한다면?

소상공인 비즈니스, 즉 자영업 사업체(주로 음식점, 카페 등)를 사고팔 때는 권리금이라는 개념이 등장합니다. 이는 영업권의 개념으로 사업 가치에 대한 일종의 프리미엄으로 이해될 수 있습니다. (시설 권리금도 있지만 본 설명에서는 별도로 계산된다고 가정하겠습니다.) 권리금이라는 개념은 M&A 시장에서 산정하는 기업 가치와 유사한 개념입니다. 그러나 두 시장에서 통상적으로 적용되는 가치 평가 배수(멀티플)는 큰 차이를 보입니다.

일반적으로 권리금은 연간 이익(순이익, 당기순이익과 유사)의 0.5배에서 2배 수준으로 형성되는 반면, M&A 시장에서의 기업 가치는 연간 이익(영업이익, EBITDA, 당기순이익 등)의 5배에서 10배 수준에서 (때로는 더 높게) 형성되는 경우가 많습니다. 배수 차이가 2~3배에서 많게는 수십 배의 차이가 날 수 있는데, 이러한 배수 차이는 다양한 요인에서 비롯된다고 판단됩니다.

첫째, 리스크 수준의 차이가 존재합니다. 소상공인 사업은 기업 형태의 비즈니스에 비해 외부 환경 변화에 취약하며, 생존율이나 성장 가능성 측면에서 불확실성이 크기 때문에 보수적인 가치 평가가 이루어지는 경향이 있습니다.

둘째, 사업 규모의 차이도 중요한 요인입니다. 일반적으로 규모가 작을수록 이익에 대한 배수는 낮아지는 경향이 있으며, 이를 '사이즈 프리미엄 Size-Premium이라고 부르기도 합니다. 투자자나 매수자의 입장에서 규모가 작은 사업은 운영 효율성, 시장 영향력, 자금 조달 능력, 지속가능성 등의 측면에서 한계가 있다고 판단되기 때문입니다.

셋째, 신뢰도 측면에서도 차이가 있습니다. 소상공인의 경우 회계장부나 재무제표가 명확하게 정리되어 있지 않거나, 일부 수익이나 비용이 누락되는 경우가 많기 때문에 객관적인 수치에 기반한 가치 평가가 어렵습니다. 이는 M&A 시장에서 필수적으로 요구되는 '재무적 검증'이 제한된 환경임을 의미합니다.

넷째, 대표자 의존도가 높은 사업 모델이라는 점도 낮은 배수의 요인입니다. 특히 음식점이나 미용실, 소형 유통점 등의 경우, 대표자의 개인적 역량이나 인간관계에 사업 성과가 크게 의존하는 구조이므로 인수 이후 지속가능성이 낮다고 평가되는 경우가 많습니다.

마지막으로, 소상공인 사업에는 대표자의 인건비나 가족 인력 비용과 같은 숨겨진 비용이 존재하는 경우가 많습니다. 명목상 수익이 실제보다 과대 계상될 수 있다는 점에서 매수자에게는 추가적인 리스크로 인식될 수 있습니다.

그러나 소상공인이 주로 영위하는 비즈니스 분야라 하더라도 체계적인 운영, 브랜드 자산 축적, 디지털화 또는 자동화 등을 통해 사업을 일정 규모 이상으로 성장시킨다면, 상장 시장 진입 혹은 본격적인 M&A 시장에서 5~10배 또는 그 이상의 배수를 인정받을 가능성도 존재한다고 판단됩니다. 그렇게 된다면 인수 대상이 되는 사업체 입장에서는 일반적인 권리금 수준에서 기대할 수 없는 자본적 수익을 얻을 기회가 될 수 있습니다. 같은 음식점, 카페이지만 대형 프랜차이즈 F&B 회사(e.g. 투썸플레이스, 공차, 컴포즈커피, 노랑통닭, 요아정 등) 또는 대형 직영 F&B 회사(e.g. 호박패밀리, 매드포갈릭, 아웃백 등)가 높은 기업 가치로 M&A를 성사시킨 사례를 참고해 볼 수 있습니다.

회사를 살까, 부동산을 살까? ──────────▶

투자자 입장에서 자산을 매입할 때, 그 자산이 향후 어떤 가치를 만들어 낼 수 있는지에 대한 비교 분석은 매우 중요합니다. 부동산 투자와 기업 인수는 서로 다른 형태의 자산에 대한 투자이지만, 모두 미래의 현금 흐름에 대한 기대를 바탕으로 이루어진다는 공통점이 있다고 볼 수 있습니다. 그러나 각각의 성격과 리스크, 기대 수익률 측면에서는 뚜렷한 차이가 존재합니다.

만약 30억 원이라는 자본으로 A안과 B안 중 하나를 골라야 한다면, 당신은 어느 쪽을 선택하시겠습니까?

> **A: 서울 잠실 지역의 30평대 아파트에 투자한다.**
> **B: 전국에 40개 매장을 운영 중인 프랜차이즈 회사의 지분 100%에 투자한다.**
> **(수익률 및 매도 호가 등은 실제 사례를 기반으로 제시하였습니다.)**

최근 위 주제를 가지고 SNS를 통해 개인적으로 설문을 해 보았는데, 총 158명의 응답자 중 약 71%가 B안인 프랜차이즈 회사를 선택하였고, A안인 잠실 아파트를 선택한 응답자는 29%에 그쳤습니다.

그러나 현실에서는 반대의 현상이 나타나고 있습니다. 실제 거래 가능성, 즉 유동성 측면에서 살펴보면 A안의 아파트는 활발하게 거래되는 반면, B안의 프랜차이즈 회사는 쉽게 매수자를 찾기 어렵습니다. 이는 자산의 유형, 시장의 접근성, 정보의 비대칭성 등 복합적인 요인에 기인한 것으로 보입니다.

A안처럼 부동산에 투자하기로 의사결정을 하는 심리 뒤에는 비교적 적은 리스크와 가격 안정성, 장기적인 가격 상승에 대한 기대 등이 숨어 있습니다. 부동산은 일반적으로 가격의 하방이 상대적으로 안정적이라고 평가받는 자산입니다. 이는 부동산이 '사용 가치'라는 명확한 실물적 기능을 가지고 있기 때문입니다. 사람이 거주하거나 사업장이 입주하는 등 실질적인 활용이 가능하므로, 경제 상황이 악화되더라도 완전한 자산 가치 상실로 이어질 가능성은 낮습니다.

부동산을 보유하고 있으면 임대를 통해 매년 안정적인 현금 흐름을 창출할 수 있으며, 수익률은 대체로 3~5% 사이로 형성되는 경우가 많습니다. 주식 등과 비교하면 수익률 자체는 낮을 수 있으나, 자산 가격의 안정성과 예측 가능한 현금 흐름이라는 측면에서 매력적인 요소로 작용합니다. 또한, 장기적으로는 물가 상승률 수준 혹은 그 이상의 자산 가치 상승이 기대되는 경우가 많습니다. 특히 도심 핵심지나 공급이 제한적인 지역의 부동산은 이러한 경향이 더욱 뚜렷하게 나타납니다.

반면, B안과 같이 회사를 인수하는 것은 훨씬 더 복합적이며, 고위험 고수익의 성격을 지니고 있습니다. 우선 초기 비용이 상대적으로 크고, 거래 구조 자체도 복잡합니다. 재무 구조, 고객 구성, 조직 문화, 인허가 사항 등 수많은 요소를 종합적으로 분석해야 하며, 이 과정에서 정보 비대칭성이 매우 크다는 점이 가장 큰 리스크 요인 중 하나입니다. 즉, 매수자가 모든 정보를 알기 어렵고, 예측되지 않은 문제가 인수 후에 발생할 가능성도 존재합니다. 또한 기업은 부동산에 비해 수익성과 가치의 변동성이 크며, 경영 능력에 따라 가치가 급격히 상승하거나 반대로 하락할 수 있습니다.

하지만 이와 동시에 높은 수익률을 기대할 수 있다는 장점이 있습니다. 예를 들어 기업을 EBITDA 기준 5배에 인수하고 이를 잘 성장시켜 동일 기준 10배에 매각할 수 있다면, 약 20% 이상의 연환산 수익률을 기대할 수 있습니다. 심지어 8배 매각만 하더라도 약 12.5% 수준의 연환산 수익률이 예상됩니다. 이는 부동산 임대 수익률과 비교해 매우 높은 수치입니다. 또 하나의 장점은 직업적 안정성 측면입니다. 특히 40~50대에 진입하며 직업에 대한 불안정성이 커지는 시기에는 자신이 오너이자 대표인 회사를 보유함으로써 안정적인 역할과 수입을 확보할 수 있는 점이 중요하게 작용할 수 있습니다.

가치 평가

그런데, B안의 프랜차이즈 회사가 더 높은 수익률을 보이는 데도 A안의 아파트와 동일하게 30억 원의 가치를 갖게 되는 이유는 무엇일까요? 부동산의 경우, 일반적인 M&A와 비슷한 평가 방법론을 적용하여 평가되기도 하지만, 실제 시장에서는 또 다른 기준과 메커니즘에 따라 가치가 형성되는 것으로 보입니다. 일반적으로 부동산 가치는 낮은 리스크와 실물 자산이라는 안정성, 그리고 무엇보다 장기적인 가격 상승 기대가 시장에 반영된 결과로 기업 가치보다 상대적으로 훨씬 높은 배수로 평가받습니다.

자산의 실질 가치가 시간이 흐름에 따라 상승하면서 발생하는 이득을 자본이득Capital Gain이라고 부르는데, 부동산의 경우 이는 매입가 대비 향후 매도가의 상승분이며, 주식 시장에서는 시세차익으로 표현됩니다. 상장 주식을 예로 들어 보면 주식을 보유하는 것만으로도 배당이라는 현금 흐름을 얻을 수 있지만, 실질적인 수익의 핵심은 주가 상승에 따른 자본이득에서 발생하는 경우가 많습니다. (비상장 주식도 이론적으로는 가치 구조가 같지만, 실제 거래에서는 매각이 어렵고 공정한 시장가격을 산정하기 어렵다는 한계가 존재합니다.) 부동산도 마찬가지입니다. 임대료라는 운용 수익에 더해 자산 자체의 가치 상승이 별도로 고려되는 것입니다.

부동산 투자 분야에서 자주 사용되는 개념인 자본환원율Capitalization Rate은 자산이 창출하는 연간 순수익을 해당 자산의 가치로 나눈 수익률을 의미합니다. 예를 들어, 연간 1억 원의 순수익을 창출하는 자산이 50억 원에 거래되었다면, 자본환원율은 2%입니다. 이때 자본환원율의 역수는 멀티플(거래 배수)과 유사한 개념으로 볼 수 있습니다. 자본환원율이 2%라면 역수는 50, 즉 연간 순수익의 50배에 해당하는 금액으로 자산이 평가되었다는 뜻입니다.

서울의 주요 지역을 중심으로 한 상업용 부동산의 경우, 2024년 부터 2025년 사이에는 통상적으로 연간 순수익의 33~50배 수준으로 거래가 이루어지고 있는 것으로 파악됩니다. 이러한 수치는 자본환원율 2~3%를 기준으로 산정된 것입니다. 서울의 아파트 시장에서도 유사한 수준의 수익률 구조가 관찰됩니다. 일반적으로 월세 전환율이 1억 원당 25~50만 원 수준이라면, 연간 기준으로는 약 3~6%의 자본환원율이 적용되고 있는 셈입니다. 예를 들어, 매매가가 30억 원인 아파트에서 월세 수익이 750~1,500만 원 정도라면, 이는 약 17~33배에 해당하는 멀티플입니다. M&A 시장에서 보통 연간 이익의 5~10배 수준으로 거래가 이루어지는 경우가 많다는 것을 생각해 보면 부동산과 기업 간 가치 평가의 차이가 얼마나 큰지 알 수 있습니다.

결국 자산 가치란 본질적으로 수익성과 리스크에 대한 종합적인 시장의 판단으로 형성됩니다. 즉, 자산 가치는 해당 자산이 창출할 것으로 기대되는 미래의 현금 흐름, 그리고 그 현금 흐름에 대한 시장의 기대와 불확실성(리스크)에 대한 평가를 반영한다는 의미입니다. 이는 밸류에이션Valuation, 즉 가치 평가라는 개념의 핵심이기도 합니다.

수익률과 리스크

A안과 B안 중 어떤 것을 고르더라도 만약 그 자산이 10년간 3배 오른

다면 연평균 내부수익률IRR은 약 11.6%입니다. 이는 매우 높은 수익률로, 투자자 입장에서 매력적인 수치입니다. 10년간 2배 상승을 가정하더라도 IRR은 약 7.2%로, 여전히 준수한 수익률에 해당합니다.

A안인 부동산 자산은 과거의 시세 상승 흐름을 고려할 때 위와 같은 수익률이 실현되었던 시기가 존재했으며, 그 기대감이 현재 자산 가치에도 일부 반영됩니다. 주거용 부동산은 실사용 가치가 존재하는 자산이므로 특히 1주택자의 경우 투자 수익률 외에도 실거주 등 비금전적인 효용이 크게 작용할 수 있습니다. 반면, 2주택 이상을 보유하고 있다면 실사용 가치가 없으므로 월세 수익과 자산 가격 상승이라는 두 가지 투자 수익만으로 판단해야 합니다.

만약 자본이득을 빼고 월세 수익률만 고려한다면, 월 400~800만 원 범위의 수익이 발생한다고 가정할 경우 매매가 기준 약 1.6~3.2%의 자본환원율에 해당하며, 이는 프랜차이즈 회사의 기대 수익률(15%, 멀티플 6~7배)에 비해 현저히 낮은 수준입니다. 또한 주거용 부동산은 보유세, 양도세, 종합부동산세 등 다양한 세제 리스크가 존재하며, 특히 다주택자의 경우 정부가 부정적인 시각으로 접근하는 경향이 강해, 이로 인한 징벌적 성격의 세금 부담을 무시할 수 없습니다.

한편, B안의 경우 연간 순이익이 약 4억 5천만 원으로, 30억 원의 투자금 대비 약 15% 수준의 자본환원율에 해당합니다. 이는 매우 높은 수익률로 평가됩니다. 이 수치는 현재 상태 그대로를 가정한 것으로, 향후 회사가 성장한다면 수익성은 더욱 확대될 가능성이 있습니다. 또한 대표이사이자 주주라는 지위는 급여 외에도 배당이라는 형태로 이익을 이중으로 회수할 수 있는 구조를 제공합니다. 대표로서의 법인 차량, 접대비, 복리후생비 등의 간접적 혜택도 존재합니다.

그러나 그만큼 명확한 리스크도 존재합니다. 프랜차이즈 회사라는 비즈니스 자산은 단순한 투자 자산과 달리 실질적인 경영과 관리를 요구합니다. 정보의 비대칭성 및 불확실성, 검증 리스크 또한 아파트 대비 월등히 높습니다. '기대' 수익률이라는 것은 아파트의 월세에 비해 매우 높은 리스크를 가지고 있습니다. 가맹점 수 감소, 매출 하락, 원가율 상승, 운영 실수 등에 따라 수익이 악화될 수 있으며, 심한 경우 적자 전환이나 기업 존속 자체에 위협을 받을 수도 있습니다. 따라서 단순히 숫자상의 수익률만으로 접근하기에는 무리가 있으며, 경영 능력, 산업 이해도, 리스크 감내 성향 등에 따라 결과는 크게 달라질 수 있습니다. 또한 실제 시장에서는 이와 같은 좋은 M&A 기회 자체가 드물며, 유의미한 정보 접근성도 제한적이라는 점을 감안할 필요가 있습니다.

결론

결론적으로, A안과 B안 모두 장단점이 분명한 선택지입니다. A안은 상대적으로 안정적인 자산이지만 세제 리스크와 낮은 수익률이 단점이며, B안은 높은 수익률과 성장 가능성이 존재하지만 그만큼 경영 리스크가 뒤따릅니다. 투자자 개인의 성향, 현재 자산 상황, 그리고 중장기적인 재무 목표에 따라 선택은 달라질 수 있으며, 어떤 선택이 정답이라고 단정짓기는 어렵습니다. 다만, 이와 같은 비교를 통해 자산의 본질적 가치와 리스크 구조를 이해하고, 합리적인 의사결정을 내리는 것이 중요하다고 생각합니다.

부동산에 대해서는 시장에 많은 정보와 기회가 있지만, M&A에 대해서는 정보와 기회가 매우 부족하고 불투명한 부분도 존재합니다. 향후 이런 부분이 개선되고 해소된다면 시장에서 많은 거래가 이루어질 것으로 판단합니다. 일본의 경우 인구 고령화가 지속되면서 기존 사업장을 매각하려는 노인들이 증가했고, 이를 기반으로 작은 규모의 M&A가 활성화되고 있습니다. 이미 여러 M&A 플랫폼이 생겨나 다수의 거래가 성사되고 있으며 그 참여자 또한 다양해지고 있는 점을 참고해 볼 수 있습니다.

만약 기업의 대표라면, 그리고 장기적으로 회사의 매각을 통한 엑시트exit를 고려하고 있다면 어떤 선택이 더 유리할까요? 단기적으로는 회사의 자금으로 부동산을 취득하는 것이 안정적인 선택처럼 보일 수 있습니다. 하지만 장기적인 관점에서는 회사의 자금을 기반으로 본업 또는 인접 산업에서의 M&A를 통해 현금 흐름을 극대화하고, 시장 내 점유율을 높이는 것이 더 효과적인 엑시트를 준비하는 데 도움이 될 수 있습니다. 이는 기업의 외형 성장과 수익성 개선을 유도하며, 추후 투자자나 매수자가 바라보는 기업의 가치에 긍정적인 영향을 미치기 때문입니다.

물론 모든 기업이 M&A 전략을 성공적으로 수행할 수 있는 것은 아니며, 고도의 전략적 판단과 실행력이 필요한 영역입니다. 하지만 기업의 성장 곡선을 가파르게 만들고 싶거나, 매각 시점에서 프리미엄을 높이고자 한다면, 단순한 부동산 자산 축적보다는 적극적인 기업 확장 전략이 더 효과적일 수 있습니다.

2장

시작부터 끝까지, M&A의 5가지 단계

    M&A는 단순히 어떤 물건을 사고파는 것이 아니라, 마치 유기물처럼 움직이고 내·외부적으로 상호작용을 하는 특정 조직(회사)에 대한 해체 및 재결합 과정입니다. 그에 따라 철저한 계획과 전략적 실행이 요구되는 다소 복잡한 과정이라고 말할 수 있습니다. 물론 아주 심플하게 M&A가 이루어지는 경우도 종종 있지만, 제대로 준비되지 않은 M&A는 후에 재앙으로 돌아올 수도 있다는 것을 기억하면 좋겠습니다.

    성공적인 M&A를 위해서는 초기 기획 단계부터 클로징Closing 이후의 통합PMI까지 체계적인 접근이 필요합니다. 일반적으로 M&A

프로세스는 (1) 초기 기획, (2) 타깃 선정 및 협상, (3) 실사, (4) 계약 체결 및 클로징, (5) 거래 후 통합, 이렇게 다섯 단계로 나눌 수 있습니다. 이 장에서는 이러한 M&A의 단계가 어떤 항목으로 구성되는지, 각 단계에서 진행되는 활동과 주의점은 무엇인지를 살펴보도록 하겠습니다.

제1단계: 초기 기획 ————————————————➤
(Deal Origination & Strategy Development)

목표 정의하기

M&A를 추진하기 전, 기업은 인수를 통해 달성하려는 목표를 명확히 정의해야 합니다. M&A의 목표는 크게 전략적 목표와 재무적 목표로 구분할 수 있습니다.

전략적 목표는 시장 확대, 기술력 확보, 시너지 창출 등 기업의 장기적인 성장 전략과 연계될 수 있습니다. 예를 들어 특정 시장에서의 점유율을 높이거나, 신기술을 보유한 회사를 인수하여 경쟁력을 강화하기 위해 M&A를 고려할 수 있습니다. 재무적 목표는 목표 수익률, 투자 기간, 기대 이익 규모, 회수 전략 등 수익성과 투자 회수 관점에서의 목표를 의미합니다. 이 두 가지를 조합하면 다음의 예시와 같이 구체적인 기준을 설정할 수 있습니다. 구체적인 기준을 설정하면 외부 자문사에게 관련된 M&A 시장 정보들을 많이 요청할 수 있고, 향후 M&A를 검토할 때도 해당 기준을 기초로 보다 체계적이고 신속하게 검토를 수행할 수 있습니다.

인수 대상 회사의 조건(예시)

☐ 우리 회사와 영업적 시너지 효과를 발생시킬 수 있음

☐ 추가 투자가 많이 필요 없음

☐ 안정적인 B2B 기업

☐ 연 매출 100억 원 이상

☐ 영업이익률 10% 이상

잠재 매물 파악하기

M&A를 성공적으로 진행하기 위해서는 사전에 인수할 만한 대상 기업, 즉 잠재 매물 리스트Long-List에 대한 파악이 우선되어야 합니다. 먼저, 기존 거래처(전방 또는 후방 산업)나 경쟁사 중에 원하는 조건에 맞는 잠재 매물이 있는지 생각해 볼 수 있습니다. 또는 기업이 필요로 하는 기술을 보유하고 있거나 특정 산업에 속한 일정 규모 이상 회사들의 리스트를 확보하고, 해당 기업들에 잠재 매각 의사가 있는지 파악해 볼 수도 있습니다. (물론 매각 의사를 파악하는 일이 쉽지는 않습니다.) 이 과정에서 사모펀드PE 등 재무적 투자자가 보유한 기업들이 잠재적 인수 대상이 될 수 있고, 외부 자문사가 관련 매물을 확보하고 있는지 확인하는 것도 중요합니다. (이러한 측면에서 투자회사 및 자문사와의 관계를 좋게 유지할 필요가 있습니다.)

특정 기업을 타깃으로 정하지 않은 경우, 주로 수익률, 기업 가치, 안정성, 성장성 등 재무적으로 특정 조건에 맞는 회사를 선별하여 리스트를 작성하고 시장에서의 거래 가능성을 탐색하는 것도 좋은 방법입니다. (예를 들어 '반도체 소재·부품·장비 회사 중에서 멀티플 밸류에이션 EV/EBITDA이 8배 이하인' 회사를 파악한 뒤 검토해 볼 수 있습니다.) 특히 구체적인 M&A 계획이 있다면 자문사에게 미리 커뮤니케이션을 해 두는 것이 좋습니다. 그러면 자문사는 관련 매물에 관한 정보를 신속하게 공유할 것이고, 회사는 매물을 발빠르게 확보하여 경쟁Bidding 없이 딜을 진행할 기회를 잡을 수 있습니다.

잠재 기업의 가치 평가 범위Valuation Range도 사전에 조사해야 합니다. 과거 유사 거래에서 몇 배수로 거래되었는지, 해당 산업의 상장사들이 몇 배 수준에서 거래되고 있는지 등을 분석하면 적정 인수 가격을 설정하는 데 도움이 됩니다.

경쟁자 파악하기

M&A 시장에서 경쟁이 치열할 경우, 인수 가격이 급격히 상승할 가능성이 있습니다. 특히 매물 자체가 희소한 산업 및 사업이고 투자 매력도가 높아 인수 경쟁이 심할 경우, 예상보다 높은 값을 지불해야 하거나 검토 비용만 지출하고 딜 자체를 할 수 없는 상황이 발생할 수 있습니다. 이러한 경쟁을 피하기 위해 인수자는 가급적 경쟁 Bidding 딜이 아닌 비경쟁Private 딜로 협상이 진행되도록 구도를 만들 필요가 있습니다.

그리고, 일정 규모 이상의 딜이 예상된다면 사모펀드PE 등과의 협력을 생각해 볼 필요가 있습니다. 사모펀드는 M&A 시장에서 가장 활발한 플레이어로, 자금력이 풍부하거나 자금 펀딩Funding 능력이 있고 우수한 인재 구성, 높은 정보력, 일반 회사보다 높은 인센티브 및 추진력을 보유하고 있는 경우가 많습니다. 다만, 공동투자자보다 유리한 구조로 투자를 하려는 경향이 있기 때문에 공동투자자인 경우에도 이들과 협상을 해야 한다는 점은 유의할 필요가 있습니다. 이들과 경쟁하는 것이 유리한지, 아니면 협력하여 공동 인수를 추진할지 고민해야 합니다.

다른 전략적 매수자Strategic Buyer들의 동향 파악 또한 중요한데, 같은 업종에서 다른 전략적 매수자들이 존재하는지, 그들이 나와 유사한 M&A를 고려하고 있는지, 어느 정도의 자금력이 있고, 누구와 손을 잡고 있으며, 어떠한 그림을 그리는지, 어떤 구조로 인수를 진행하는지 파악해야 합니다.

최적의 거래 타이밍 잡기

적절한 타이밍을 선택하는 것도 매우 중요합니다. 인수 대상 기업이 희망하는 매도가의 수준과 시장 내 경쟁자들의 움직임을 분석하여 매물을 인수하기에 유리한 시점을 판단해야 합니다. 특히, M&A 시장의 흐름, 경기 사이클, 산업 내 변화 등을 종합적으로 고려하여 매도자가 합리적인 가격에 매각할 가능성이 큰 시점을 포착하는 것이 중요합니다.

단순하게 생각해 본다면, '지금은 시장에서 주목받지 못하고 있으나(저평가), 5년 뒤에는 인기가 높아질(고평가) 산업'이 타이밍상 가장 적절한 매물일 수 있습니다.

또한, 특정 산업에서 향후 잠재 매물이 시장에 나올 가능성이 있는지도 검토해야 합니다. 예를 들어, 기업공개IPO를 준비하다가 시장 상황이 좋지 않아 상장을 포기한 기업, 매각 가능성이 있는 대기업의 비핵심 사업부, 벤처 캐피털 및 사모펀드 등에서 투자했으나 일반적인 투자 기간인 4~6년이 지난 회사 등이 좋은 타깃이 될 수 있습니다.

자금 조달 방안 마련하기

M&A를 진행하려면 자금 조달 방안을 미리 마련해야 합니다. 기업 내부 자금만으로 인수를 진행할지, 외부 차입을 활용할지, 사모펀드나 전략적 투자자와 공동 투자 구조를 짜는 것이 유리할지를 검토해야 합니다.

또한, 내부적으로 경영진 및 이사회 승인 절차도 사전에 파악해 두어야 합니다. 대규모 M&A에서는 주주들의 동의를 필요로 하는 경우도 있으므로, 거래 구조를 설계하는 과정에서 의사결정 절차를 고려해야 합니다.

자문사 확보하기

M&A 시장은 완전 경쟁 시장이 아닙니다. 정보의 비대칭성이 존재하기 때문에 M&A 자문사나 투자은행IB, 회계법인, 로펌 등 외부 자

문사의 도움을 받는 것이 필수적입니다. 각 자문사는 직접 M&A 자문을 수행하기도 하고, 자문은 하지 않지만 잠재적인 M&A 정보를 가지고 있는 경우도 있습니다. M&A에서는 초기 단계 정보를 확보하는 것이 중요하기 때문에 정보를 공유하고 내 편을 만들어 두면 거래의 리스크를 줄이고, 더 좋은 조건으로 협상을 진행할 수 있습니다. 또한, M&A 시장의 주요 플레이어들과 네트워크를 형성하는 것은 향후 추가적인 기회를 모색하는 데도 유리합니다.

제2단계: 타깃 선정 및 협상
(Target Identification & Negotiation)

대상 기업 선정하기

M&A 대상 기업을 선정하는 과정에서는 산업, 경쟁사, 기업 강점, 재무, 사업 계획, 시너지, 밸류업 가능성 등을 종합적으로 고려해야 합니다.

산업 분석에서는 해당 산업이 성장하고 있는지, 침체되었는지, 아니면 주기적으로 변동하는 사이클 산업인지 평가해야 합니다. 성장성이 높은 산업에서는 미래 가치가 중요하며, 성숙한 산업에서는 수익성과 안정성이 더 중요한 요소가 될 수 있습니다.

경쟁사 분석에서는 대상 기업이 산업 내에서 어떤 경쟁력을 갖추고 있는지 평가해야 합니다. 시장 점유율이 1위인지, 유망한 2위인지, 또는 경쟁이 심해 다수의 기업이 난립한 시장인지 등을 분석해야 합니다. 또한, 독점적 지위를 가지고 있는 사업인지, 향후 독점 가능성이 있는지도 중요한 판단 요소입니다.

기업의 강점을 분석하는 과정에서는 해당 회사가 기술력, 마케팅, 제품 경쟁력, 디자인 등에서 어떤 차별성이 있는지 확인해야 합니다. 기술이 있다면 해당 기술을 어떻게 확보하였고, 어떻게 방어를 하고 있는지 확인이 필요합니다. 인력이 강점이라면 해당 인력들을 어떻게 유지하고 있는지, 인센티브는 무엇인지 등을 확인해야 합니다. 특정 대표자의 역량이 지배적이고 개인이 사업을 주도하는 구조인지, 아니면 특수관계자(계열사 등) 또는 특정 업체(대기업 등)와의 거래에 의존하는 사업인지도 고려해야 합니다.

재무 분석에서는 과거 3~5년간의 손익계산서, 재무상태표, 현금흐름표를 검토하여 재무 건전성을 평가합니다. 매출 구성, 매출 성장성, 마진 변동, 변동비 및 고정비 구조, 자산의 실재성 및 부실자산 여부, 부채 규모, 소송이나 법적 리스크 존재 여부(우발 부채 가능성) 등을 분석해야 합니다.

사업 계획 검토도 중요한 과정입니다. 회사가 제시한 사업 계획의 현실성을 평가하고, 구체적인 근거와 실행 전략이 있는지 검토해야 합니다. 인수 후 우리 회사와 함께했을 때 추가적인 성장 가능성이 있는지도 판단해야 합니다.

시너지 분석에서는 인수 기업과의 결합을 통해 어떤 시너지가 발생할 수 있는지를 고려해야 합니다. 비용 절감(구매력 증가, 물류 효율화 등), 매출 상승(신규 시장 진출, 기존 제품과의 크로스셀링 가능성 등), 기술 확보와 같은 요소들을 검토해야 합니다.

밸류업 가능성을 검토하는 과정에서는 기업 인수 후 우리가 이 회사를 성장시킬 수 있는지, 또는 기업 가치를 어떻게 올릴 수 있는지 고민해야 합니다. 운영 효율화를 통해 수익성을 높이거나 새로운 전략을 추가하여 더 큰 성장을 만들 역량이 있는지 평가해야 합니다.

매각 사유 분석도 반드시 필요합니다. 수익성이 좋은 회사라면 왜 매각하는지에 대한 합리적인 설명이 있어야 합니다. 사업주의 은퇴, 사업 확장을 위한 자금 마련, 전략적 사업 구조조정 등 다양한 이유가 있을 수 있으나, 만약 숨겨진 문제(재무 리스크, 법적 분쟁 등)가 있다면 추가적인 실사를 통해 검토해야 합니다.

다만 알아 둘 점은 위 정보들을 초기 단계에서 모두 정확히 파악하기는 어렵다는 점입니다. 회사의 규모 및 상황에 따라 공개적으로 얻을 수 있는 정보는 제한적이고, 상대방이 매각을 위한 준비가 되어 있는지, 자료가 마련되어 있는지는 상황에 따라 매우 다릅니다. 또한 상대방과의 인터뷰나 초기 질문이 가능한지에 따라 얻는 정보의 수준이 매우 다릅니다. 또한 상대방이 자문사가 있는지 없는지 여부에 따라서도 정보 및 분석 수준은 매우 상이합니다. 이러한 점을 충분히 고려하여 초기 단계 검토를 진행할 필요가 있습니다.

초기 협상하기

초기 협상이라고 하면 일반적으로 '실사'를 수행하기 전, 계약서에 관한 논의를 하기 전에 각종 조건에 대해서 서로 상의하는 것을 말합니다. 일반적으로 가장 중요한 것은 가격이며, 각종 부수적인 조건에 대해서도 논의가 이루어집니다.

대상 기업에 대한 잠재적인 인수 의사 결정 후, 초기 협상 과정에서는 매각 의향을 확인하고 기본적인 거래 조건(Term Sheet, LOI 등)을 조율하는 절차가 진행됩니다. 거래 조건 검토 과정에서는 지분율, 가치 평가, 딜 구조, 옵션 조항(Call/Put 옵션), 경업금지 조항Non-Compete Agreement, 리스크 할당Risk Allocation, 리텐션 및 고용 보장Retention & Employment Terms 등이 논의됩니다.

100% 지분 인수라면 보다 단순한 구조가 될 수 있지만, 특정 조건이 포함될 경우 복잡한 구조가 필요할 수도 있습니다. 거래 조건의 조율이 구체적으로 진행될수록 이후 계약서 협상은 상대적으로 간단해질 수 있습니다. 반면, 소규모 딜의 경우에는 이 과정을 생략하고 바로 계약서 협상으로 넘어가는 경우도 많습니다.

기업 가치 평가하기

이 단계에서는 기업 가치 평가, 즉 밸류에이션이 핵심 요소로 작용합니다. 내부적인 가치 평가 결과를 기준으로 가격 협상이 이루어지며, 지분율 및 경영권 유지 여부 등도 논의됩니다. (일정 규모 이상의 딜 또는 대기업 등의 딜에서는 실사 단계에서 가치 평가를 추가적으로 수행하며 정식 가치 평가 보고서를 준비하는 경우도 많습니다.)

기업 가치 평가 방식으로는 유사 거래 사례 비교Comparable Transactions Multiple, 상장사 비교Trading Multiple, 현금 흐름 할인법 Discounted Cash Flow, 자산가치 평가 방법 등이 활용될 수 있습니다. 이를 통해 대상 기업이 적정한 가치로 거래되고 있는지를 판단하고, 매도자와 매수자 간의 가격 협상을 진행하게 됩니다.

다만, 실무에서는 논리적이고 체계적인 가치 평가 요소를 통해 협상이 이루어지기보다는 매도자와 매수자 간의 협상력에 기반한 가격 조정, 거래 당사자의 의지, 최근 거래 사례 등 단순하면서도 직관적인 요소에 의해 가격 협상이 되는 경우가 많습니다.

제3단계: 실사 ————————————7
(Due Diligence, DD)

실사Due Diligence는 M&A의 핵심 단계 중 하나입니다. 실사는 기업에 대해서 실제로 조사를 하는 전 과정을 일컫는다고 할 수 있습니다. 실무적으로는 재무를 들여다보는 재무 실사Financial Due Diligence가 가장 많이, 필수적으로 수행됩니다. 그 외에 법적 현황 및 리스크를 검토하는 법무 실사Legal Due Diligence 및 시장과 사업성에 대해 분석하는 상업 실사Commercial Due Diligence가 있으며, 기술 실사, 환경 실사 등 여러 종류의 실사가 수행되는 경우도 있습니다.

실사는 이처럼 인수 기업이 대상 기업에 대해 전방위적으로 검토하는 절차로, 거래 이후에 발생할 수 있는 리스크를 사전에 파악하고 이를 최소화하기 위한 중요한 과정입니다. 단순한 숫자 검토를 넘어 기업의 내재된 구조와 잠재 리스크를 들여다보는 매우 입체적인 작업이라 할 수 있습니다.

참고로, 매도자 또는 투자 대상 회사가 잠재적인 인수자 또는 투자자를 위해 매도자 실사(셀사이드 실사Sell-side Due Diligence, 벤더 실사Vender Due Diligence라고도 부릅니다)를 수행하기도 합니다. 매도자 실사를 하는 경우 매수자는 신속하게 의사결정을 할 수 있으며 빠르게 회사의 현황 및 리스크를 파악할 수 있다는 장점이 있습니다. 반면에 매도자 입장에서는 비용이 들고, 매수자 입장에서는 실사 결과를 불신하여 실사가 중복으로 진행될 수 있다는 한계점도 있습니다.

앞서 언급하였듯, 실사의 범위는 일반적으로 재무, 세무, 법률, 상업, 기술, 인적 자원 등으로 나뉘며, 각 분야별 전문가들이 참여하여 진행합니다.

재무 실사는 회사의 재무제표, 즉, 손익계산서와 재무상태표 및 각 계정 세부 항목들이 어떻게 구성되어 있고 회사의 사업과 어떻게 연결되는지를 이해하는지가 그 시작점입니다. 회사의 수익성, 부채 구조, 영업 활동에 따른 현금 흐름, 운전 자본 변동, 주요 회계 정책 등을 점검하는 과정을 포함합니다.

특히 최근 3~5년간의 재무제표를 기반으로 영업 실적의 일관성

(이익의 질Quality of Earning 등과 연결됩니다.), 비경상적 비용 발생 여부(조정 항목Normalized/Adjusted Item과 연결됩니다.), 자산의 실질적 가치 및 숨겨진 부채 존재 여부(자산의 질Quality of Asset 개념과 연결됩니다.) 등을 꼼꼼히 살펴봅니다. 가장 기초적인 실사이며, 그만큼 투자 및 M&A 진행 시, 다른 실사는 하지 않더라도 재무 실사는 수행하는 경우가 많습니다.

세무 실사는 세금 누락, 미납, 또는 불완전한 신고로 인한 세무 리스크를 검토합니다. 국세청 세무조사 이력, 이월결손금의 인정 여부, 부가세 및 원천징수 적정성, 사적비용 처리 여부 등이 주요 점검 항목입니다. 이 과정에서 실제 세금 납부 내역과 장부상 세액의 차이가 존재한다면 향후 세금추징 리스크로 이어질 수 있습니다.

법률 실사는 계약 리스크, 소송 및 분쟁 이슈, 지적재산권IP의 소유 및 사용권, 임대차계약의 해지 조건 등 법률상 쟁점을 중심으로 수행됩니다. 특히 주주 간 계약SHA, 주요 공급계약이나 매출계약의 조건, 경업금지 조항 등은 거래 구조나 가격 협상에 직접적인 영향을 줄 수 있는 핵심 항목입니다.

이 외에도 상업 실사는 시장 내 입지, 경쟁사 대비 경쟁력, 고객 기반의 안정성, 제품 또는 서비스의 지속가능성 등을 분석하며, 기술 실사는 생산설비, 공정기술, R&D 자산, IT 시스템 안정성 등을 검토합니다.

그러나 모든 실사를 동일한 수준으로 진행하는 것은 비용과 시간의 제약 및 정보의 한계가 있어 현실적으로 어렵습니다. 따라서 대부분의 거래에서는 재무 실사만을 수행하고, 법률 및 세무 실사는 약식 또는 이슈 중심으로 진행하는 경우가 많습니다. 그러나 기업 규모가 크거나 구조가 복잡한 거래일수록 상업 실사, 기술 실사 등 추가적인 영역에 대한 검토도 적극적으로 이루어집니다.

실사 결과는 추후 계약 조건(에스크로 조항, 조건부 지급, 보증 및 진술 조항 등)에 반영되어 가격을 조정하거나 리스크를 분담하는 근거가 됩니다. 실사는 단순히 거래를 위한 절차가 아니라, 거래의 질을 결정하는 핵심 요소임을 유의해야 합니다.

제4단계: 계약 체결 및 클로징 ──────────7
(Signing & Closing)

실사를 마치고 나면 M&A 거래의 가장 핵심적인 문서인 최종 계약서 작성 및 체결 단계로 넘어가게 됩니다. (실무적으로는 실사가 진행되는 동시에 계약서도 준비하며 협상을 진행하는 경우가 많습니다.) 이 단계에서는 주로 주식매매계약인 SPA Share Purchase Agreement, 신주발행계약인 SSA Share Subscription Agreement 또는 자산매매계약인 APA Asset Purchase Agreement를 사용하며, 거래의 성격에 따라 적절한 형식을 선택합니다. 기존 주식(또는 '구주'라고 표현)을 인수하는 경우에는 SPA가, 새로운 주식을 발행하여 투자할 때는 SSA가, 특정 사업부 또는 자산만을 매입하는 경우에는 APA가 주로 활용됩니다.

　최종 계약서에는 인수 대상, 거래 금액, 대금 지급 방식, 진술 및 보증, 선행 조건Conditions Precedent, 손해배상 조항Indemnification, 경업금지 조항, 클로징 기한 등 거래의 전반적인 구조와 조건이 구체적으로 명시됩니다. 특히, 실사 과정에서 발견된 이슈가 있다면, 해당 이슈에 대한 리스크 분배 방식이 본 계약서에 반영되어야 합니다. 예를 들어 세무 리스크가 존재할 경우, 일부 금액을 에스크로 계좌에 예치하거나 추후 세무상 불이익 발생 시 매도자가 이를 부담하도록 하는 방식을 사용할 수 있습니다.

　계약 체결 다음은 클로징Closing 단계입니다. 클로징까지는 일반적으로 몇 가지 중요한 절차들이 선행되어야 합니다. 대표적인 선행 조건으로는 공정거래위원회의 기업결합신고 및 승인(독과점 심사), 주주총회 또는 이사회 승인, 금융기관의 매수 자금 조달 확정, 주요 계약의 변경 또는 갱신 등이 있습니다. 이와 같은 조건들이 모두 충족되어야 클로징이 가능하며, 조건이 충족되지 않으면 계약이 자동 해제되거나, 당사자 간 협의로 일정이 조정될 수 있습니다.

　모든 조건이 충족되면 자금이 지급되고 주식 또는 자산의 소유권이 공식적으로 이전되며, 이 시점을 클로징이라고 합니다. 클로징은 거래의 법적·경제적 효과가 발생하는 시점으로, 이때부터 인수 기업이 실제로 회사를 소유하게 됩니다. 따라서 거래의 모든 준비가 철저히 완료되어야 하며, 자금 지급 방식, 명의 이전, 세금 처리 등 실무적인 사안들도 동시에 진행되어야 합니다.

계약 체결 및 클로징은 M&A 거래의 가장 긴장감 있는 순간 중 하나이며, 계약서 문구 하나하나가 중요한 법적 효과를 가지기 때문에 각 조항에 대한 충분한 이해와 협의가 선행되어야 합니다. 계약 체결은 M&A의 종착점이 아니라, 이후 통합 과정의 출발점이라는 점도 염두에 두어야 합니다.

제5단계: 거래 후 통합 ──────────────── ↗
(Post-Merger Integration, PMI)

단순히 계약서에 서명하고 대금을 지급하는 것으로 M&A가 끝난다고 생각하기 쉽지만, 실질적인 M&A 성공 여부는 그 이후 단계인 인수 후 통합Post-Merger Integration, PMI에 달려 있다고 해도 과언이 아닙니다. PMI에는 여러 정의가 있겠지만 M&A 이후에 해당 회사를 온전히 인수자의 회사로 전환하는 작업이라고 보면 좋겠습니다. PMI는 M&A를 통해 기대했던 시너지 효과를 실제로 실현하기 위해 반드시 거쳐야 하는 핵심 단계입니다.

PMI란 두 기업이 하나로 통합되기 위한 일련의 실행 과정입니다. 인수자가 개인이거나 대상 회사가 인수 후에도 독립적으로 운영된다고 하더라도 새로운 주주, 대표 및 경영진이 대상 회사를 의도한

대로 만들어 가는 과정은 필요하다고 할 수 있습니다. 여기에는 조직문화의 융합, 운영 방식의 정비, 브랜드와 시스템의 통합, 인력 구조의 재편 등이 포함됩니다. 각기 다른 배경과 시스템, 가치관을 지닌 조직이 만나면 갈등이 생길 수밖에 없기 때문에 조직문화를 조화롭게 통합하는 것은 PMI에서 가장 중요한 요소 중 하나로 꼽힙니다.

PMI 과정에서 특히 주의해야 할 점은 인력의 이탈과 사기 저하입니다. M&A 이후 조직 내 불확실성이 커지면 핵심 인력의 이탈이 발생하는 경우가 많으며, 이는 향후 기업 운영에 큰 타격이 될 수 있습니다. 따라서 핵심 인력에 대한 리텐션(유지) 전략을 마련하고, 내부 커뮤니케이션을 강화하여 구성원들의 불안감을 최소화하는 것이 중요합니다.

시스템과 프로세스 통합 또한 PMI의 핵심 과제입니다. 예를 들어 재무·회계 시스템, IT 인프라, 인사 관리 체계 등을 일원화하고, 효율적인 운영 프로세스를 재정비하는 과정 등이 필요합니다. 이 과정이 지연되거나 부실하게 이루어지면 실제 운영상의 비효율이 생기고, 이는 기업의 전체적인 성과에 부정적인 영향을 줄 수 있습니다.

PMI가 실패하면 M&A를 통해 기대했던 매출 확대, 비용 절감, 기술 확보 등의 시너지 효과가 실현되지 않을 가능성이 큽니다. 반대로 PMI를 성공적으로 마무리한다면 기업의 경쟁력이 크게 강화되고, 향후 추가적인 성장 전략 추진의 기반을 다질 수 있습니다.

결론적으로 M&A에서 클로징은 끝이 아니라 새로운 시작이며, PMI야말로 M&A의 진정한 성패를 가르는 마지막 관문이라고 할 수 있습니다. 철저한 사전 준비와 전략적 실행, 인적 요소에 대한 섬세한 접근이 PMI를 성공으로 이끄는 핵심입니다.

2부

본격적인
M&A 실무를 위하여

3장

이 회사, 사도 괜찮을까?
- 대상 회사 분석법

핵심 가치는 무엇인가

기업이 시장에서 성공하고 지속적인 경쟁력을 유지하기 위해서는 몇 가지 핵심적인 가치를 보유하고 있어야 합니다. 이는 단순히 단기적인 성과를 넘어, 장기적인 생존과 성장을 가능하게 만드는 구조적 기반이라 할 수 있습니다. 일반적으로 이러한 핵심 가치는 원가, 기술, 브랜드, 유통의 네 가지 영역에서 두드러지게 나타납니다.

첫 번째는 압도적인 원가 경쟁력입니다. 이는 같은 품질의 제품이나 서비스를 더 낮은 가격에 제공할 수 있는 능력을 의미합니다. 원가 경쟁력을 확보한 기업은 가격 민감도가 높은 시장에서 확실한 우위를 점할 수 있으며, 경기 불황이나 소비 위축기에도 비교적 탄력적으로 대응할 수 있습니다. 대표적인 예로는 샤오미와 다이소가 있습니다. 샤오미는 고사양의 스마트폰을 합리적인 가격에 공급함으로써 글로벌 시장에서 빠르게 점유율을 확대하였고, 다이소는 저렴한 생활용품을 대량 유통함으로써 가성비를 중시하는 소비자들의 선택을 받아 왔습니다.

두 번째는 따라갈 수 없는 기술력입니다. 기술력은 단순한 기능의 우위를 넘어 진입장벽을 형성하고 기업을 독점적 지위에 위치시키는 요소가 됩니다. 예를 들어 테슬라는 전기차의 핵심 기술뿐 아니라, 자체 배터리 기술과 소프트웨어 통합 역량에서 타사의 추격을 허용하지 않고 있으며, ASML은 첨단 반도체 노광 장비를 독점적으로 공급하며 전 세계 반도체 산업의 중심에 서 있는 기업입니다. 이러한 기업들은 기술력 자체가 곧 시장 지배력으로 연결되는 구조를 가지고 있습니다.

세 번째는 높은 브랜드 가치입니다. 브랜드는 소비자에게 신뢰와 감성을 동시에 전달하는 자산으로, 가격 경쟁력을 넘어서 고객 충성도를 유도하는 힘이 있습니다. 브랜드 가치가 높다는 것은 곧 소비자의 선택에서 우선권을 가진다는 의미이며, 이는 마케팅 비용을 줄이면서도 지속적인 매출을 유지할 수 있게 합니다. 루이비통은 전통성과 희소성을 기반으로 프리미엄 브랜드로서의 입지를 견고히 하고 있으며, 애플은 브랜드 특유의 감성적인 마케팅 및 소비자 접근 방법을 통해 브랜드 충성도에서 세계 최고 수준을 유지하고 있습니다.

네 번째는 확실한 유통 채널입니다. 제품이 아무리 훌륭하더라도 소비자에게 닿지 못하면 그 가치는 실현되지 않습니다. 반면, 강력한 유통 채널을 보유한 기업은 신제품이나 새로운 서비스를 빠르게 시장에 확산시킬 수 있으며, 공급망 안정성에서도 큰 이점을 확보할 수 있습니다. 예를 들어 실리콘투는 뷰티 브랜드의 동남아 진출에서 탄탄한 유통망을 바탕으로 실적을 성장시키고 있으며, 하이트진로는 국내 주류 시장뿐 아니라 해외 시장에서도 물류와 유통망을 기반으로 제품 가시성을 높이고 있습니다.

물론 위의 요소들을 모두 갖추고 있다면 가장 좋겠지만, 현실적으로는 하나의 핵심 역량만 갖추고 있어도 시장에서 확고한 입지를 구축할 수 있습니다. 실제로 많은 기업들이 특정 요소에 집중하여 특화된 전략을 구사하고 있으며, 그러한 전략은 시장에서 충분히 경쟁력을 발휘하고 있습니다. 중요한 것은 어떤 요소를 선택하느냐보다, 그것을 얼마나 깊이 있게 구축하고 지속적으로 강화하느냐에 달려 있습니다.

결국 기업이 선택해야 할 질문은 "무엇을 가졌는가"가 아니라 "무엇을 '제대로' 갖추었는가"입니다. 하나의 핵심 가치라도 시장에서 독보적인 수준으로 구축한다면, 그것만으로도 기업은 생존과 성장의 기반을 확보할 수 있습니다. M&A를 할 때에도 대상 기업의 핵심 가치는 무엇이고 어떤 가치를 통해 지속가능성을 확보하고 있는가를 중점적으로 고민하고 확인해 볼 필요가 있습니다.

진입장벽을 어떻게 구축하는가 ————————7

1 | 가격 및 비용 기반 경쟁 전략

가격 경쟁력은 많은 소비자에게 직접적으로 영향을 주는 요소로, 특히 비용 민감도가 높은 시장에서 매우 중요합니다. 이를 위해 기업들은 원가 우위를 확보하려는 전략을 펼칩니다. 규모의 경제를 실현하거나, 수직계열화를 통해 공급망의 효율을 높이는 방식입니다. 월마트는 대규모 유통망과 강력한 구매력으로 업계 최저가 정책을 유지하며 시장 지배력을 강화해 왔습니다.

또한, 규모의 경제를 적극적으로 활용해 시장 진입 장벽을 높이는 전략도 있습니다. 이는 시장 점유율이 높아질수록 단가를 낮출 수 있는 구조를 활용해 후발 주자의 진입을 어렵게 만드는 방식입니다. 중국의 전기차 기업 BYD는 배터리부터 완성차까지 수직적으로 통합된 생산 체계를 구축하여 제조 단가를 최소화하며 경쟁력을 높이고 있습니다.

2 | 기술 및 지식재산 기반 경쟁 전략

기술 경쟁력은 장기적으로 기업의 지속가능성을 좌우하는 핵심 요소입니다. 고도의 기술을 확보하고 이를 통해 경쟁사가 쉽게 따라올 수 없는 차별화를 실현하는 것이 기술 장벽 전략입니다. TSMC는 첨단 반도체 공정 기술에서 세계적인 선도 기업으로, 고도의 기술력으로 경쟁사의 추격을 어렵게 만들고 있습니다.

특허 및 지식재산권 보호 전략도 기술 기반 기업의 중요한 무기입니다. 주요 기술을 법적으로 보호함으로써 일정 기간 독점적인 수익을 창출할 수 있습니다. 화이자는 블록버스터 의약품에 대한 특허 보호를 통해 오랜 기간 독점적 지위를 유지한 바 있습니다.

최근에는 데이터 기반 경쟁력 확보 전략도 부상하고 있습니다. 대규모 데이터를 수집하고 이를 분석하여 맞춤형 서비스를 제공하거나 운영 효율을 극대화하는 방식입니다. 구글은 사용자 검색 데이터를 기반으로 광고 효율을 극대화하고, 추천 알고리즘을 고도화하여 사용자 경험을 지속적으로 개선하고 있습니다.

마지막으로 산업 표준을 선점하는 전략도 존재합니다. 사실상의 표준으로 자리 잡게 되면 소비자나 기업이 대안을 선택할 경우 전환 비용이 발생하게 됩니다. 어도비의 PDF 포맷은 문서 보관과 전송 분야에서 표준 지위를 확보하여 오랜 기간 산업 내 영향력을 유지하고 있습니다.

3 | 브랜드 및 인지도 기반 경쟁 전략

강력한 브랜드는 소비자와의 정서적 연결을 형성하고 충성도를 높이는 데 핵심적인 요소입니다. 소비자가 브랜드 자체를 신뢰하면 품질에 대한 의심 없이 반복 구매로 이어질 수 있습니다. 코카콜라의 사례가 대표적입니다. 코카콜라는 단순한 탄산음료 이상의 가치를 전달하며, 브랜드 이미지와 전 세계적인 신뢰도를 바탕으로 높은 시장 점유율을 유지하고 있습니다.

브랜드 기반 확장 전략 중 하나로 팬덤을 활용한 방식이 있습니다. 열광적인 지지층을 중심으로 자연스럽게 입소문이 퍼지고, 별도의 마케팅 비용 없이도 소비가 확대되는 구조입니다. 테슬라는 광고비 지출이 거의 없지만, CEO와 제품에 대한 열렬한 지지층을 통해 강력한 판매력을 유지하고 있는 것으로 보입니다.

4 | 유통 및 채널 기반 경쟁 전략

유통 전략은 제품의 접근성을 결정짓는 핵심 요소이며, 이를 통해 기업은 장기적인 시장 점유율 확보가 가능합니다. 오프라인 매장의 경우, 주요 상권에 조기 입점하여 입지 자체를 장벽으로 만드는 전략이 있습니다. 스타벅스는 주요 도심의 핵심 상권에 집중적으로 출점하여 브랜드 가시성을 높이고 후발 경쟁자의 진입을 어렵게 만든 사례로 평가받습니다.

또한, 유통 채널 자체를 장악하는 전략도 중요한 요소입니다. 자사 플랫폼을 통해 판매와 소비가 일어나도록 유도함으로써 경쟁사의 접근을 원천 차단하는 구조입니다. 애플은 앱스토어라는 폐쇄형 유통 채널을 운영하며 앱 개발사로부터 30%의 높은 수수료 수익을 지속적으로 창출하고 있습니다.

이 외에도 독점 계약을 통해 경쟁력을 확보하는 방식이 있습니다. 특정 콘텐츠나 상품에 대해 배타적 공급권을 확보함으로써 이용자의 선택지를 제한하는 전략입니다. 넷플릭스는 자체 제작한 오리지널 콘텐츠에 대한 독점 스트리밍 계약을 통해 사용자 기반을 공고히 다져 왔습니다.

5 | 사용자 기반 경쟁 전략

사용자의 일상에 깊이 스며들어 습관화되는 제품이나 서비스는 자연스럽게 전환 비용을 유발하게 됩니다. 반복적으로 사용하는 구조나 구독 기반 서비스를 통해 소비자가 쉽게 떠날 수 없는 환경을 만드는 것이 핵심입니다. 슬랙은 팀 협업 도구로 조직 내 시스템에 깊이 관여하면서 대체하기 어려운 도구가 된 사례입니다.

전환 비용이 높은 구조를 설계하는 전략도 있습니다. 기존 시스템을 다른 제품으로 교체하려면 시간, 자금, 노력이 많이 드는 구조로 만드는 방식입니다. SAP의 ERP 시스템은 한 번 도입되면 교체 비용이 매우 커, 기업들이 쉽게 다른 제품으로 이동하지 못하는 특성이 있습니다.

네트워크 효과를 유발하는 것도 주요한 사용자 기반 전략입니다. 사용자가 많을수록 제품의 가치가 커지는 구조이며, 이는 새로운 사용자의 유입과 기존 사용자의 이탈 방지를 동시에 유도합니다. 대표적으로 페이스북은 사용하는 친구가 많을수록 떠나기 쉽지 않으며, 사용자의 새로운 친구들도 유입시키는 구조입니다.

더 나아가 플랫폼 또는 생태계를 구축하는 전략은 제3자의 참여를 통해 락인Lock-in 효과를 더욱 강화하는 방식입니다. 애플은 개발자, 공급자, 사용자 모두가 참여하는 폐쇄형 생태계를 구축해 제품, 서비스, 콘텐츠가 유기적으로 묶여 있는 구조를 형성하였습니다.

6 | 시장 구조 및 정책 기반 경쟁 전략

산업 내 규제나 인허가 체계 자체가 진입장벽으로 작용할 수도 있습니다. 정부의 인허가, 인증, 법적 요건을 만족시켜야 하는 산업은 진입 자체가 제한되어 있으며, 기존 사업자는 안정적인 지위를 누릴 수 있습니다. 금융, 통신, 제약 산업은 대표적으로 이러한 특성을 가진 분야입니다.

또한, 산업 내 구조적 협력을 통해 진입장벽을 형성하는 전략도 있습니다. 시설이나 인프라를 공동으로 투자하거나 운영함으로써 새로운 사업자의 진입 가능성을 낮추는 방식입니다. 예를 들어, 국내 통신 3사는 망 중복 투자를 방지하기 위해 일부 지역에서 공동 설비 구축을 추진한 바 있으며, 이러한 협력 구조는 시장 내 신규 진입을 어렵게 만드는 요인으로 작용할 수 있습니다.

비즈니스가 안정적인가

기업 인수합병을 고려하는 매수자들은 대부분 '안정적인' 비즈니스를 선호하는 경향이 있습니다. 주로 M&A의 목적이 큰 수익을 기대하는 것보다는 자본 손실을 피하는 데 있다는 점에서 이러한 성향은 자연스럽다고 볼 수 있습니다. 다시 말해, 공격적인 수익보다는 방어적인 안정성에 더 큰 가치를 부여하는 투자자가 많습니다.

안정적인 비즈니스를 판단하는 첫 번째 기준은 과거의 재무 안정성입니다. 예를 들어, 최근 5년간 매출 성장률이나 영업이익률이 일정한 수준으로 유지되고 있다면, 해당 기업은 향후에도 유사한 성과를 지속할 가능성이 높다고 평가받을 수 있습니다. 물론 이는 과거 실적이 미래를 담보한다는 전제에 기반한 분석이므로, 이를 절대적인 기준으로 삼기보다는 보조적인 판단 근거로 활용하는 것이 타당합니다.

다만, 이와 같은 수치적 안정성만으로는 충분하지 않습니다. 해당 산업이 경기순환적인 특성을 지니고 있는지, 즉 호황이 끝나고 하강 국면에 접어드는 시점은 아닌지에 대한 판단이 병행되어야 합니다. 또한, 회사의 매각 사유가 외부로 알려지지 않은 위기 상황이나 구조적인 문제에서 기인하는 것인지에 대한 검토도 필요합니다. 이러한 요소는 단순한 재무제표 분석만으로는 파악할 수 없기 때문에 산업 리서치, 업계 관계자 인터뷰, 전방·후방 산업 동향 조사, 경쟁사 분석 등을 통해 입체적으로 확인해야 합니다.

산업의 성격 또한 기업의 안정성에 큰 영향을 미칩니다. 일반적으로 소비자 대상B2C 산업은 유행, 트렌드, 브랜드 이미지 변화에 민감하기 때문에 상대적으로 불안정하다고 평가되기도 합니다. 반면, 기업 대상B2B 산업은 계약 기반의 매출이 많고 고객 유지 기간이 길어 비교적 안정적인 것으로 간주됩니다. 다만, 이는 일반적인 경향일 뿐입니다. 브랜드 충성도가 높은 B2C 기업이라면 안정적인 현금 흐름을 가질 수도 있고, 특정 고객사에 과도하게 의존하는 B2B 기업은 오히려 위험할 수 있습니다.

수주 기반의 산업은 구조적으로 매출 변동성이 높습니다. 예를 들어 건설업이나 조선업은 프로젝트 단위의 수주에 따라 실적이 크게 변동하며, 장기적 예측이 어렵습니다. 반면 유지보수 서비스, 구독 기반의 SaaSSoftware as a Service 산업은 장기 계약을 통해 안정적인 수익 구조를 확보할 수 있습니다. 이처럼 계약 구조에 따라 동일한 B2B 산업 내에서도 안정성의 수준이 다릅니다.

산업 자체의 안정성도 중요한 기준입니다. 교육, 의료서비스, 생필품 등은 경기 변동과 관계없이 지속적인 수요가 발생하는 분야로, 보통 안정적인 산업으로 분류됩니다. 이러한 산업에서 오랜 기간 사업을 지속해 온 기업이라면, 외부 충격에도 비교적 강한 회복력을 보일 가능성이 높습니다.

무엇보다 중요한 요소는 앞서 언급한 경제적 해자, 즉 진입장벽의 존재입니다. 진입장벽이란 경쟁사가 쉽게 따라올 수 없는 구조적 강점을 의미하며, 예를 들어 독점적 기술력, 특허, 브랜드 충성도, 네트워크 효과, 규제 기반의 시장 진입 제한 등이 이에 해당합니다. 이와 같은 해자를 갖춘 기업은 시장 내에서 독점 또는 과점의 지위를 누릴 수 있으며, 이러한 구조는 장기적인 안정성으로 이어집니다.

요약하자면, 안정적인 비즈니스란 과거의 재무적 성과뿐만 아니라 산업 구조, 고객 구성, 수익 모델, 경쟁 구도, 그리고 무엇보다도 진입장벽이라는 구조적 요소들을 종합적으로 고려하여 판단해야 합니다. 단순히 숫자가 안정적이라고 해서 안심하기보다는, 그 이면에 있는 비즈니스의 지속가능성과 경쟁 환경을 세심하게 분석하는 것이 바람직합니다.

대표자의 영향력이 어느 정도인가

기업 운영에 있어 대표자의 역량과 영향력은 어느 업종에서든 일정 수준 이상 중요하게 작용합니다. 하지만 업종의 특성과 사업의 구조에 따라 대표자가 미치는 영향력의 정도는 크게 달라질 수 있으며, 특히 인수합병에서는 대표자의 존재가 기업 가치와 위험 요인 평가에 직접적인 영향을 미치게 됩니다.

대표자의 역량이 핵심적인 자산으로 간주되는 업종은 대표적으로 패션, 엔터테인먼트, 전문 서비스업, 투자업 등입니다. 이들 업종에서는 '감각' 또는 '개인 네트워크'가 기업의 성패를 좌우할 수 있습니다. 패션과 엔터테인먼트 산업은 유행과 대중의 취향을 정확히 읽고 이를 빠르게 반영할 수 있는 능력이 필요하며, 이는 종종 대표자 개인의 '감感'에서 비롯됩니다. 브랜드의 정체성과 방향성 자체가 대표자의 철학과 성향에 기반하는 경우도 많습니다.

전문 서비스업이나 투자업의 경우, 대표자의 전문성, 실무 경험, 그리고 산업 내 평판이 기업의 신뢰도와 경쟁력을 결정짓는 요소가 됩니다. 자문업, 법률, 회계, 금융 등과 같은 영역에서는 대표자가 보유한 인간관계망과 거래 실적이 곧 회사의 성과로 직결되는 경우가 많기 때문에 매수자가 해당 대표의 이탈 가능성을 큰 리스크로 간주하는 경향이 있습니다.

반대로, 대표자의 중요성이 상대적으로 낮게 평가되는 업종도 있습니다. 대형 유통업이나 프랜차이즈 업종은 시스템화된 운영 매뉴얼과 표준화된 프로세스에 따라 사업이 운영되는 구조이기 때문에 개별 대표자의 감각이나 판단이 직접적으로 미치는 영향이 제한적일 수 있습니다. 물론 총체적인 방향성은 대표가 설정하지만 일상 운영은 구조적으로 분산되어 있어 리더 교체로 인한 충격이 상대적으로 작습니다.

일반 제조업, 특히 기술 중심의 산업에서는 제품 자체의 경쟁력, 원가 구조, 품질, 생산 효율성이 기업의 성패를 가르는 핵심 요인입니다. 이 경우 대표자의 경영 역량보다는 기술진의 역량과 생산 조직의 효율성이 더 중요하게 작용할 수 있습니다. 건설업이나 인프라 관련 산업 역시 비슷한 구조를 가지고 있으며, 대규모 프로젝트 수행

능력, 정부와의 협력 구조, 파이낸싱 능력 등이 기업 경쟁력의 중심이 됩니다.

금융업 역시 대표자의 의사결정이 중요하지만, 일정 규모 이상의 금융사는 규제, 리스크 관리 시스템, 내부 통제 체계가 매우 정교하게 갖추어져 있어 대표자 한 사람의 교체가 곧바로 기업 안정성에 영향을 미치지는 않는 구조를 지니고 있습니다. 다만, 중소형 금융사이거나 창업자가 중심이 된 투자회사의 경우에는 상황이 달라질 수 있습니다.

이처럼 업종마다 대표자의 중요도는 다르게 나타나며, 이는 M&A에서 매수자가 가장 먼저 검토하는 사항 중 하나가 됩니다. 특히 M&A 이후 일정 기간이 지나면 기존 대표자가 회사를 떠나는 경우가 많기 때문에, 매수자는 대표자의 퇴임이 기업에 미치는 리스크를 미리 예측하고 대비할 필요가 있습니다. 대표자 중심의 사업일수록 경영 이양 계획Succession Plan이나 조직의 독립적 운영 가능성에 대한 충분한 검토가 이루어져야 하며, 경우에 따라 일정 기간의 경영 잔류 조건(언아웃, 리텐션 조건 등)을 계약에 포함하기도 합니다.

결국 기업을 바라볼 때에는 '대표가 누구인가'만큼이나 '대표가 없을 때 이 기업이 어떻게 운영될 수 있는가'를 동시에 고민해야 합니다. 이러한 관점은 매수자의 리스크 관리뿐 아니라, 창업자 또는 경영자의 매각 전략 수립에도 중요한 시사점을 제공합니다.

시장은 어디로 향하는가 ————————————┐

경제학을 배운 사람이라면 알겠지만, 개별 기업에 대한 활동 분석은 거시경제학이 아닌 미시경제학에서 배웁니다. 하지만 M&A에서도 때로는 미시보다 거시를 더 중요하게 봐야 할 때가 있습니다.

M&A 고려 시 가장 중요하면서 놓치기 쉬운 것이 바로 '매크로', 즉 시장의 거시적 움직임을 이해하고 활용하는 것입니다. 단기적인 재무 수치나 기업의 개별 역량만으로는 설명할 수 없는 성공의 배경에는 시장 환경이라는 커다란 흐름이 존재합니다.

처음 M&A 업무에 입문했을 때는 눈앞에 주어진 일을 처리하는 데 급급해 이러한 매크로적 시야를 갖기 어려운 경우가 많습니다. 하지만 경험이 쌓이면서, 진정한 성공적인 투자의 핵심은 결국 '시장의 방향성'에 있다는 점을 절감하게 됩니다. 다시 말해, 시장 전체가 성장하고 있는 상황에서는 개별 기업의 점유율이 유지되기만 해도 매출과 이익이 자연스럽게 늘어나는 구조가 형성된다는 것입니다. 별다른 경영 혁신이나 구조조정이 없더라도 시장의 성장만으로 기업의 외형이 함께 커지는 것이지요.

여기서 말하는 매크로는 경제학 교과서에 나오는 GDP 성장률이나 기준금리 같은 거시경제 변수보다는 특정 산업이나 테마의 구조적 흐름을 의미합니다. 예를 들어 고령화, 헬스케어 수요 증가, 글로벌 콘텐츠 확산, ESG 및 지속가능성 강조, 전기차·자율주행 중심의 전동화, 그리고 최근의 AI 확산 등은 모두 매크로 트렌드에 해당합니다. 이러한 흐름을 잘 읽고 맞춰서 투자하는 것이야말로 높은 성공 확률을 보장해 줍니다.

전략적 투자자SI들은 대체로 이러한 시장 트렌드를 민감하게 관찰하고 활용합니다. 그들은 인수 기업을 단순한 이익 창출 수단보다는 기존 사업에 시너지를 줄 수 있는 성장 동력으로 보고 접근합니다. 그러다 보니 시장 전망이 밝은 신사업 영역을 중심으로 포트폴리오를 확장해 가는 경우가 많습니다.

재무적 투자자FI들 역시 이 점을 간과하지 않습니다. 사모펀드의 경우, 3~5년의 투자 기간 내에 수익을 내는 것도 중요하지만, 그 이후 엑시트Exit 전략이 잘 실행될 수 있어야 합니다. 성장성이 없는 산업이나 축소되고 있는 시장에 투자한다면 아무리 현재 재무 성과가 좋다고 해도 다음 매각 대상자를 찾기가 어렵습니다. 결국 시황이 받쳐 주지 않으면 투자금 회수가 쉽지 않다는 것입니다.

따라서 단기적인 손익 수치나 눈에 보이는 실적만이 아니라 그 회사가 위치한 산업의 성장 가능성과 구조적 위치를 살펴보는 것이 매우 중요합니다. 과거 실적이 좋아도 미래가 보이지 않는다면 의미가 줄어들 수 있으며, 반대로 현재 실적이 부족하더라도 시장이 빠르게 성장 중이라면 오히려 더 나은 기회일 수 있습니다. 이처럼 M&A에서 매크로는 단순한 배경이 아니라, 성패를 좌우하는 핵심 변수 중 하나라고 할 수 있습니다.

리스크는 어느 정도인가 ─────────────7

리스크는 금융과 경영에서 가장 중요한 개념 중 하나입니다. 일반적으로는 부정적인 결과가 발생할 가능성을 의미하지만, 재무적인 관점에서는 보다 중립적인 개념으로 사용됩니다. 재무 이론에서 말하는 리스크란, 단순히 '떨어질 수 있는 가능성'을 넘어 '예상에서 벗어날 수 있는 모든 변동성'을 의미합니다. 따라서 상승의 가능성도 리스크의 일부이며, 이는 투자자 입장에서 보면 불확실성으로 해석됩니다.

리스크가 크다는 것은 곧 미래를 예측하기 어렵다는 것을 의미합니다. 특히 벤처 기업이나 패션, 뷰티, F&B 등과 같은 B2C 소비재 산업, 경기 민감 산업인 건설업 등은 외부 환경의 변화에 따라 성과가 크게 달라질 수 있어 전형적으로 높은 리스크를 지닌 산업으로 분류됩니다. 반대로, 제조업이나 B2B 중심의 전통 산업군은 시장 변화에 대한 민감도가 비교적 낮고 수요가 일정하게 유지되는 경향이 있어 상대적으로 리스크가 낮다고 평가됩니다.

이러한 리스크 수준은 자본비용-Cost of Capital에도 직접적인 영향을 미칩니다. 재무 이론에서는 변동성을 '베타Beta'라는 지표로 수치화합니다. 베타는 시장 전체의 변동성에 비해 개별 기업이 얼마나 민감하게 반응하는지를 나타내는 지표로, 이 값이 높을수록 해당 기업의 리스크가 크다고 판단합니다. 리스크가 크면 할인율(WACC, 가중평균자본비용)이 높아지며, 이는 곧 미래 현금 흐름의 현재 가치가 낮아

진다는 의미이므로, DCF Discounted Cash Flow 방식에서의 기업 가치는 하락하게 됩니다.

하지만 여기서 중요한 점은, 리스크가 크다고 해서 반드시 멀티플이 낮지는 않다는 것입니다. 멀티플은 기업의 가치(시가총액 등)를 재무 지표(매출, EBITDA, 순이익 등)로 나눈 것으로, 보통은 기업의 시장 평가 수준을 간단히 파악하는 데 활용됩니다. EV/EBITDA, PER, PSR 등 다양한 멀티플이 있으며, 시장에서는 이 지표를 통해 업종별 혹은 성장단계별로 기업을 비교 평가합니다. 어떤 기업은 큰 리스크를 갖고 있으면서도 멀티플이 높게 나타나기도 합니다. 이는 해당 기업의 미래 성장 가능성에 대한 기대치가 높기 때문입니다. 예를 들어, 흑자를 내지 못한 기술 스타트업이 매우 높은 멀티플로 거래되는 사례는 흔히 볼 수 있습니다. 이는 과거 실적보다는 미래의 현금 흐름에 대한 시장의 기대가 현재 가치에 선반영되었기 때문입니다.

미래를 기준으로 기업 가치를 평가하는 DCF와 달리 멀티플은 현재 또는 과거의 수치에 기초한 상대적 비교 지표입니다. 따라서 두 지표 간에는 종종 해석상의 차이가 발생하며, 투자자나 실무자들이 혼동하는 경우도 많습니다. 멀티플이 높다고 해서 기업의 내재 가치가 높다고 단정할 수는 없으며, 그것이 미래 기대치에 기반한 것인지 아니면 시장 내 과대평가에 따른 것인지를 구분하여 해석할 필요가 있습니다.

결론적으로, 리스크는 단순한 위험의 개념을 넘어 밸류에이션의 근간이 되는 핵심 요소입니다. 기업 가치 산정 시에는 리스크가 할인율을 통해 직접 영향을 미치고, 시장의 기대는 멀티플을 통해 간접적으로 반영됩니다. 따라서 이 둘의 차이를 이해하고 해석하는 안목이 M&A 실무나 투자 의사결정에서 매우 중요하다고 할 수 있습니다.

4장

이 회사, 가치는 얼마일까?
- 가치 평가 실무 전략

가치 평가의 세 가지 방법

기업의 가치를 평가하는 방법에는 여러 가지가 있지만, 실무에서 가장 널리 사용되는 방식은 자산가치법, 수익가치법, 그리고 멀티플 방식의 세 가지로 요약할 수 있습니다. 각각의 방법은 기업의 특성과 평가 목적에 따라 적절하게 선택되어야 하며, 경우에 따라 복수의 방법을 적용하기도 합니다.

첫 번째는 자산가치법입니다. 우리나라 투자자들이 특히 선호하는 방식이기도 합니다. 기본적으로는 기업이 보유한 순자산을 기준으로 기업 가치를 평가합니다. 자산은 장부가가 아니라 시가 기준으로 조정하며, 감가상각이 끝난 자산이라도 실질적 활용 가치가 있다면 재평가를 통해 가치를 반영할 수 있습니다. 사용가치라는 개념이 여기에 해당합니다. 부채는 마이너스 요소로 반영되며, 특히 이자부 부채는 인수 후 기업의 자금운용에 부담을 줄 수 있으므로 중요하게 검토됩니다.

또한 운전 자본 항목, 즉 매출채권, 매입채무, 재고자산 등도 평가 시 주의 깊게 살펴보아야 합니다. 유통업처럼 운전 자본이 많이 필요한 업종은 회사를 인수한 후에도 자금 유입이 계속 필요할 수 있기 때문입니다. 최근에는 보유 부동산 가치가 기업 자체의 가치보다 높게 평가되는 경우도 많아, 이를 별도로 분리하여 매각하는 등의 거래 구조도 고려되고 있습니다.

두 번째는 수익가치법입니다. 말 그대로 이 기업이 앞으로 얼마를 벌 수 있을지를 기준으로, 지금 얼마를 주고 사야 할지를 판단하는 방식입니다. 보통 현금 흐름 할인법, 즉 DCFDiscounted Cash Flow를 사용하며, 특정 기간 동안의 예상 현금 흐름을 산정하고 여기에 할인율을 적용하여 현재 가치를 계산합니다.

DCF는 매우 정교한 모델이기 때문에 손이 많이 가고, 주요 가정에 따라 결과가 크게 달라질 수 있습니다. 따라서 객관성과 비교가능성에서 다소 한계가 있지만, 시너지 분석, 시나리오 분석, 민감도 분석 등 다양한 가정과 변수들을 고려할 수 있다는 점에서 매우 유용합니다. 특히 딜 규모가 크고, 인수 측의 검토가 깊이 있는 경우에는 이 방식이 중요하게 사용됩니다. 다만 소규모 거래에서는 형식적으로 작성되거나 아예 생략되는 경우도 많습니다.

DCF 적용 시 주의사항

DCF는 이론적으로는 가장 정교한 가치 평가 방식이지만, 실무에서 자주 오해되거나 잘못 적용되는 부분이 많습니다. 다음은 DCF를 활용할 때 유의해야 할 주요 포인트들을 정리한 내용입니다.

- DCF의 핵심은 FCFFFree Cash Flow to the Firm, 즉 기업 전체가 창출하는 자유 현금 흐름입니다. 이는 주주의 현금 흐름이 아니라 기업 자체의 현금 흐름이며, 이자지급 등 자본구조와 무관하게 산출합니다. 그리고 중요한 점은 '현금 흐름'이라는 것입니다. EBITDA는 단순한 회계상 이익 개념일 뿐 현금 흐름은 아닙니다. 감가상각비, 운전 자본 변화, 자본적 지출CAPEX 등을 포함하여 현금 흐름을 조정해야 합니다.
- 세금Tax 항목도 자주 혼동되는 영역입니다. DCF에서는 실제 납부 세금이 아니라 영업이익Earnings before interest and tax에 세율을 적용한 이론상 세금을 사용합니다. 이는 기업의 영업 성과만을 반영한 세금 부담을 나타내기 위한 것입니다.
- 운전 자본 변동Working Capital Change은 DCF 결과에 상당한 영향을 미칠 수 있는 항목입니다. 운전 자본이 증가하면 현금이 묶이고, 감소하면 현금이 풀립니다. 따라서 실제로 발생 가능한 변화를 합리적으로 예측할 필요가 있습니다. 마찬가지로 자본적 지출 역시 단순히 유지보수만 반영할 것인지, 성장을 위한 투자도 포함할 것인지에 따라 현금 흐름은 크게 달라집니다.
- 추정 기간은 일반적으로 5년을 기준으로 설정하지만, 이 기간 내에 큰 투자CAPEX나 구조적 변화가 예정되어 있다면 보정이 필요합니다. 추정 기간 이후의 가치는 영구 성장률Terminal Value을 통해 산정하는데, 이때 사

용되는 성장률은 국가의 장기 거시 성장률을 넘지 않는 것이 원칙입니다. 비현실적인 성장률은 과도한 가치 산정으로 이어질 수 있습니다.

- 할인율은 WACCWeighted Average Cost of Capital(가중평균자본비용)를 사용하며, 이는 기업 전체의 위험도와 자본구조를 반영하여 설정합니다. WACC 산정에는 자본비용, 부채비용, 법인세율 등이 모두 고려되므로 계산 방식이 다소 복잡할 수 있습니다.

- DCF 분석의 마지막 단계에서는 전체 계산 결과가 상식적으로 타당한지를 판단하는 절차가 중요합니다. 너무 높은 가치가 도출된다면 가정이 과도하게 낙관적이지 않았는지, 너무 낮다면 반대로 보수적이지 않았는지 다시 검토해야 합니다. 회계적 수치와 수식은 정확할 수 있어도, 비즈니스적 판단은 언제나 수반되어야 합니다.

DCF는 단순히 수식을 돌리는 작업이 아니라 각 가정과 요소에 대한 깊이 있는 검토가 요구되는 분석 도구입니다. 실무에서 시간이 부족하다는 이유로 이를 형식적으로만 처리하는 경우가 많지만, 그럴수록 분석의 오류 가능성은 커지게 됩니다. 따라서 계산 결과를 맹신하기보다는, 그 결과가 실질적인 투자 판단과 얼마나 일치하는지를 함께 고민해야 합니다.

세 번째는 멀티플 방식입니다. 실무에서 가장 많이 사용되고 있으며, 상대적으로 간단한 구조 덕분에 투자자 간의 커뮤니케이션에도 자주 활용됩니다. 이 방식은 유사한 기업이 시장에서 몇 배수로 거래되었는지를 기준으로 평가 대상 기업에도 동일한 배수를 적용하는 방식입니다. EV/EBITDA, PER, EV/Sales, PBR 등 다양한 멀티플 지표가 사용되며, 업종에 따라 트래픽, 사용자 수, 구독자 수 등 특수한 지표에 멀티플을 적용하기도 합니다. 멀티플 방식은 계산이 간단하고 비교가 직관적이라는 점에서 매우 효율적이지만, 기본적으로는 시장이 어떻게 평가하고 있는지를 기준으로 삼기 때문에 기업의 내재 가치보다는 시장 분위기에 영향을 받을 수 있습니다.

밸류에이션에서는 '멀티플 8배' 등의 표현을 자주 사용합니다. 예시의 '8배'는 영업이익EBIT이나 세전·감가상각 전 영업이익EBITDA, 혹은 순이익Net Income과 같은 특정 재무 지표의 '8배'로 기업 가치를 산정한다는 것을 의미합니다. 예를 들어 어떤 회사가 연간 100억 원의 EBITDA를 기록하고 멀티플이 8배로 적용된다면 이 회사의 기업 가치는 800억 원으로 산정됩니다. 이를 영구 가치Terminal Value 관점에서 해석하면, 고든 성장 모형의 기본 수식인 '가치 = 현금 흐름 ÷ 할인율'을 활용해 볼 수 있습니다. 성장률이 0이라는 가정하에, 100억 원을 매년 영구적으로 벌어들이는 회사의 가치가 800억 원이라는 것은 할인율이 12.5%라는 뜻이 됩니다.

만약 멀티플이 낮은 6배 매물과 높은 10배 매물을 비교한다면 어떤 것이 더 나을까요? 단순히 멀티플 수치만으로 판단하기는 어렵습니다. 제대로 판단하기 위해서는 그 이면에 깔린 가정들을 함께 고려해야 합니다. 멀티플이 낮은 6배 매물은 통상적으로 안정적이지만 성장 가능성은 낮다고 평가되는 산업(예컨대 전통 제조업, 내수 중심 산업 등)에 속해 있을 가능성이 있습니다. 반면 멀티플이 높은 10배 매물은 미래 실적에 대한 기대감, 기술력, 빠른 매출 성장률, 해외 확장성 등으로 인해 높은 가치가 책정된 경우가 많습니다.

결국 양쪽 모두 각자의 논리를 가지고 있으며, 시장에서 공정가치로 잘 평가되었다는 전제가 성립한다면 각각 적절한 가치로 볼 수 있습니다. 그러나 현실에서는 정보의 비대칭성과 예측 불확실성 때문에 공정가치의 판단이 어렵습니다. 따라서 업에 대한 충분한 이해가 부족한 경우, 상대적으로 멀티플이 낮은 딜을 선택하는 것이 리스크 관점에서 더 보수적인 접근이 될 수 있습니다. 이처럼 멀티플은 숫자 그 자체보다 그 안에 내포된 기대와 리스크의 균형을 이해하는 것이 중요합니다.

또한 멀티플을 사용할 때는 기업 가치Enterprise Value와 주식 가치 Equity Value의 개념 차이를 명확히 이해해야 합니다. 예를 들어 EV/EBITDA 멀티플을 적용해 산출한 값은 기업 전체의 가치이므로, 이를 주주가 가져갈 수 있는 주식 가치로 전환하기 위해서는 차입금과 현금 등을 고려한 조정이 필요합니다. 이 같은 조정 과정을 놓치면 평가 오류가 발생할 수 있으므로, 항상 기초 개념에 대한 정확한 이해가 전제되어야 합니다.

기업 가치와 주식 가치의 차이

기업 가치와 주식 가치는 모두 기업의 가치를 평가할 때 사용되는 중요한 개념이지만, 서로 다른 관점에서 기업을 바라본다는 점에서 본질적으로 구별됩니다. 이 둘의 차이를 명확히 이해하는 것은 투자, 인수합병, 재무 분석 전반에 걸쳐 필수적인 기초 지식입니다.

간략하게 설명하자면 기업 가치는 비즈니스 자체의 가치를 평가하는 지표이며, 주식 가치는 그 비즈니스에 투자한 주주의 몫을 계산한 결과라고 볼 수 있습니다. 둘은 서로 연결되어 있으나, 전제와 해석의 기준이 다르기 때문에 상황에 따라 적절한 지표와 분석 관점을 선택하는 것이 중요합니다.

기업 가치는 말 그대로 '기업 전체의 가치'입니다. 여기서 말하는 전체란, 단순히 주주가 소유한 지분만을 의미하는 것이 아니라 기업이 보유한 자산을 통해 창출할 수 있는 미래의 현금 흐름을 모두 포함하는 개념입니다. 다시 말해, 기업 가치는 차입금과 자기자본을 구분하지 않고 순수하게 영업 활동에서 창출되는 가치에 초점을 맞춥니다. 이 때문에 기업 가치를 계산할 때는 자본구조와 무관한 지표, 예를 들어 EV/EBITDA, EV/Sales, EV/EBIT 등이 사용됩니다.

기업 가치의 기준이 되는 현금 흐름은 FCFF Free Cash Flow to the Firm입니다. 이는 기업이 영업을 통해 벌어들인 현금에서 자본적 지출CAPEX과 운전자본 변동을 차감한 후, 세금을 납부하고 난 뒤 남는 현금 흐름을 말합니다. 이 현금 흐름은 채권자와 주주 모두에게 귀속되는 것이므로, 자본구조의 영향을 받지 않는다고 볼 수 있습니다.

반면, 주식 가치는 말 그대로 '주주의 몫'인 가치를 의미합니다. 이는 기업 전체 가치에서 순부채(차입금에서 현금을 차감한 금액)를 제외하고 난 후 주주가 보유한 순자산의 가치를 의미합니다. 주식 가치의 분석에 사용되는 지표로는 PER, PBR, PSR 등이 있으며, 이들 지표는 모두 자기자본 또는 당기순이익을 기준으로 계산됩니다. 특히 주식 가치 산정 시에는 FCFE Free Cash Flow to the Equity, 즉 주주가 실제로 받을 수 있는 현금 흐름을 기준으로 활용합니다.

일반적으로 M&A나 투자에서는 먼저 기업 가치를 산정하고, 여기에 순차입금(총 차입금에서 현금을 차감한 금액)을 반영하여 주식 가치를 도출합니다. 이렇게 계산하는 이유는 사업 자체의 가치를 먼저 판단한 뒤, 운영에 필요한 자본 조달 방식(자기자본 또는 타인자본)을 고려하여 주주의 몫을 계산하는 것이 보다 합리적인 접근이기 때문입니다.

이러한 맥락에서 PSR Price to Sales Ratio이라는 지표는 다소 한계가 있는 지표로 볼 수 있습니다. PSR은 주식 가치(시가총액)를 매출로 나눈 지표이지만, 앞서 언급했듯이 매출은 자본구조와 무관한 기업 가치 분석의 항목입니다. 따라서 PSR보다는 EV/Sales와 같은 지표가 보다 합리적인 비교 도구로 여겨지는 경우가 많습니다.

덧붙여, 기업 가치 분석에서 당기순이익보다는 영업이익이 더 중요한 이유는 영업이익이 기업의 본질적인 수익 창출 능력을 나타내기 때문입니다. 당기순이익은 이자비용과 세금, 기타 비영업적 요소가 포함되어 있어 경영성과를 정확히 반영하지 못할 수 있습니다. 실제로 세금 또한 기업의 자본구조에 따라 달라질 수 있으므로, 실무에서는 이를 조정한 영업 세금NOPLAT: Net Operating Profit Less Adjusted Taxes을 사용하여 영업 성과를 보다 명확히 측정하는 경우도 많습니다.

결론적으로, 자산가치법은 실물 기반이 강한 기업에 적합하고, 수익가치법은 이론적으로 가장 정교하지만 시간이 많이 소요되며, 멀티플 방식은 빠른 비교와 협상에 유리합니다. 평가 대상 기업의 성격, 업종, 인수 목적 등에 따라 이 세 가지 방법을 유기적으로 조합하는 것이 바람직합니다.

매출과 공헌이익으로 읽는 수익 구조

매출 분석

기업의 가치를 평가하고 M&A를 준비하는 과정에서 가장 기초적이고도 중요한 분석 항목은 매출입니다. 매출은 단순한 수치 이상의 의미를 가지며, 기업의 비즈니스 구조, 성장 가능성, 안정성, 고객과의 관계 등을 종합적으로 반영합니다. 따라서 매출을 정교하게 분석할 수 있는 프레임워크를 갖추는 것은 실무적으로 매우 중요합니다.

우선 가장 기초적인 지표는 성장률 분석입니다. 연도별 매출 성장률Year-on-Year, YoY을 통해 전년 대비 매출이 얼마나 증가했는지를 살펴보고, 필요에 따라 분기별 성장률QoQ, 월별 성장률MoM도 함께 확인할 수 있습니다. 또한, 해당 기업이 속한 산업의 시장 성장률과 비교하여 시장 점유율Market Share이 증가하고 있는지도 함께 분석합니다. 이러한 분석은 단순 수치의 증감이 아니라, 기업이 시장 내에서 경쟁우위를 확보하고 있는지를 판단하는 기준이 됩니다. 장기적으로는 연평균 성장률CAGR 또한 확인할 필요가 있습니다.

다음으로 중요한 분석은 PQ 분석, 즉 단가Price와 수량Quantity에 대한 분석입니다. 매출 증가가 단가 상승에 의한 것인지, 수량 증가에 의한 것인지 구분하는 것이 핵심입니다. 가격 인상으로 인한 매출 성장은 일시적일 수 있으며, 장기적으로는 수요 감소로 이어질 수 있습니다. 반면 수량 증가에 따른 성장은 실제 수요 확대를 반영하기 때문에 보다 건강한 성장으로 평가받습니다. 따라서 매출 증감의 원인을 가격 요인과 수량 요인으로 구분하는 작업은 반드시 필요합니다.

매출 성장률에 대한 고찰

기업 경영에서 매출 성장률은 가장 기본적이면서도 중요한 지표 중 하나입니다. 성장하고 있는 기업은 투자자, 고객, 내부 구성원 모두에게 긍정적인 시그널을 주며, 시장에서의 존재감을 점차 확대해 나갑니다. 반대로, 성장이 멈추거나 둔화되는 기업은 직관적으로도 매력도가 떨어지게 됩니다. 특히 투자자 입장에서는 성장이 정체된 기업에 선뜻 손이 가지 않는 것이 일반적인 반응입니다. 이처럼 매출의 성장 여부는 기업의 가치와 평가에 직접적으로 영향을 미치므로, 성장률에 대한 분석은 항상 선행되어야 합니다.

첫 번째로 살펴보아야 할 것은 매출이 증가하고 있는가, 정체되었는가, 혹은 감소하고 있는가 하는 기초적인 흐름입니다. 이를 통해 기업이 현재 어느 위치에 있는지, 즉 성장 곡선의 어디쯤에 놓여 있는지를 파악할 수 있습니다. 정체는 곧 전환점일 수 있으며, 감소는 구조적 문제를 시사하는 경우가 많기 때문에 이 구분은 매우 기초적이면서도 핵심적인 판단 기준입니다.

두 번째는 성장의 형태입니다. 성장하고 있다고 하더라도 그 양상은 다를 수 있습니다. 극초기 기업에서 자주 나타나는 'J 커브' 형태의 급격한 성장이 있는 반면, 일정 수준까지 빠르게 성장한 후 둔화되는 형태도 존재합니다. 초기에는 낮은 매출 기반 덕분에 성장률이 높게 나타나지만, 일정 규모에 도달하면 성장률이 자연스럽게 둔화되는 경우가 많습니다. 이러한 맥락에서 성장을 평가할 때에는 절대 금액뿐 아니라 성장의 궤적과 속도, 그리고 지속 가능성까지 함께 검토하는 것이 필요합니다.

세 번째는 해당 기업이 속한 시장의 성장률과의 비교입니다. 기업의 성장률이 시장 평균보다 높다면 이는 시장 점유율의 상승을 의미하며, 경쟁사 대비 경쟁력을 갖추고 있다는 신호로 해석할 수 있습니다. 반면, 기업의 성장률이 시장 성장률보다 낮다면 상대적으로 점유율을 잃고 있는 상황일 수 있습니다. 이 경우에는 단순히 시장이 성장하고 있는지, 혹은 침체되고 있는지를 구분하는 것이 중요하며, 산업 자체의 성숙기 진입 여부나 외부 환경 변화도 함께 고려되어야 합니다.

네 번째로는 시장 성장률 또는 변동성의 원인을 분석하는 것입니다. 시장이 둔화되고 있다면 그 원인이 무엇인지 파악해야 합니다. 경기침체, 소비 트렌드의 변화, 기술 혁신, 산업 사이클, 규제 변화, 환율 및 금리와 같은 거시경제 요인 등은 모두 시장 성장에 영향을 미칠 수 있습니다. 특히 기술이나 규제의 변화는 산업 구조를 빠르게 바꿀 수 있기 때문에 선제적으로 인식하고 대응 전략을 마련하는 것이 중요합니다.

다섯 번째는 외부 요인과 내부 요인을 구분한 원인 분석입니다. 외부 요인에는 경쟁 심화, 주요 납품처 또는 구매처의 변화, 공급망 문제 등이 포함됩니다. 내부 요인으로는 제품 품질, 고객 클레임, 생산 효율성, 원가 구조, 마케팅 전략의 한계 등이 있을 수 있습니다. 동일한 시장 환경 안에서도 어떤 기업은 성장하고 다른 기업은 정체되는 이유는 바로 이러한 내부 역량의 차이 때문입니다.

마지막으로 중요한 점은 개선 가능성과 그 대안의 유무입니다. 성장률이 낮거나 역성장하고 있는 경우, 그것이 구조적인 문제인지 일시적인 문제인지에 따라 대응 방안이 달라집니다. 제품 개선, 비용 구조 혁신, 신규 시장 진입, 유통 채널 확대, 마케팅 전략 변경 등 실질적인 개선 대안이 존재하는지, 그리고 그 실행 가능성은 어떠한지를 평가하는 것이 중요합니다. 특히 이러한 대안이 명확하고 실현 가능성이 높다면, 단기적인 정체에도 불구하고 기업의 향후 성장 가능성은 여전히 유효할 수 있습니다.

결국 기업의 성장률은 단순한 숫자가 아니라, 다양한 내외부 요인과 시장 환경, 전략적 대응의 결과로 나타나는 종합적인 지표입니다. 성장의 방향과 질, 원인과 지속성까지 입체적으로 분석할 때 비로소 그 의미를 제대로 해석할 수 있으며, 투자자와 경영자가 모두 신뢰할 만한 판단 기준이 될 수 있습니다.

단가의 경우, 평균판매단가ASP를 파악하고, 이를 최근 몇 년간의 물가 상승률과 비교하여 가격 경쟁력이 유지되고 있는지를 확인해야 합니다. 수량 측면에서는 생산량과 판매량, 공장 가동률과 생산 능력CAPA 간의 관계를 함께 살펴보는 것이 유의미합니다. 수량이 증가해도 가동률이 낮다면 비효율의 가능성이 있기 때문입니다. 평균 주문 금액도 단골 고객의 질이나 매출의 구조적 질을 파악하는 데 도움이 됩니다.

매출 구성Sales Mix 또한 핵심적인 분석 항목입니다. 고객별, 제품별, 지역별, 채널별로 분해하여 분석하는 방식이 일반적입니다.

고객별로는 B2B, B2C, B2G 등 거래 유형을 파악해야 합니다. 만약 특정 고객에 대한 의존도가 높은 경우 협상력이 떨어지는 등의 리스크가 수반되므로 주의가 필요합니다. 반복 매출이 많은 구조인지, 일회성 매출 위주인지도 판단 기준이 됩니다. 고객당 평균 매출 ARPU이나 업셀링 구조 등도 함께 분석하면 좋습니다.

제품별로는 주요 매출 품목이 어떤 제품인지 파악하고, 각 제품의 단가와 판매량 흐름을 개별적으로 분석해야 합니다. 완제품이 아닌 단순 유통품과 완제품의 비중이 어떻게 나뉘는지도 중요합니다.

채널별로는 자사 직접 판매인지, 유통사를 통한 간접 판매인지에 따라 수익성에 큰 차이가 있을 수 있습니다. 오프라인과 온라인, 자사몰과 외부 플랫폼의 비중도 분석 항목에 포함됩니다.

지역별로는 수출 비중, 주요 국가별 매출 흐름을 확인함으로써 환율 리스크, 글로벌 진출 가능성 등도 판단할 수 있습니다.

회계 관점에서의 총액 매출과 순액 매출 구분도 유의해야 합니다. 기업이 제시하는 총매출이 실제 거래 총액GMV인지, 아니면 순수하게 수익 인식 기준에 따라 정리된 매출인지 구분해야 하며, IFRS 상 매출 인식 기준에 따라 할인, 반품, 수수료 등 조정 항목들이 반영 되었는지 확인이 필요합니다. 특히 플랫폼 사업이나 중개형 비즈니 스 모델에서는 거래액과 인식 매출 간 괴리가 클 수 있습니다.

월별 매출 분석은 실적의 지속성 및 계절성을 파악하는 데 활용 됩니다. 매출이 특정 월이나 분기에 집중되어 있다면 계절성 또는 이벤트성 매출 구조일 수 있으며, 이런 경우 실적의 일관성을 따져 봐야 합니다. 따라서 최근 몇 개월 혹은 몇 분기의 월별 데이터를 통 해 매출 흐름을 시계열로 살펴보는 것이 실무적으로 자주 활용되는 방식입니다.

마지막으로, 장기 계약이나 수주 물량 등을 통해 매출이 사실상 확정되어 있는지 여부도 중요한 요소입니다. 특히 B2B 산업이나 제 조업에서는 일정 기간 동안의 물량이 이미 계약된 경우, 매출의 예 측 가능성이 높아지기 때문에 기업의 안정성 측면에서 긍정적인 평 가를 받을 수 있습니다.

M&A 실무에서 매출 분석은 단순한 수치를 나열하는 것이 아니 라, 기업의 구조와 본질을 이해하기 위한 과정입니다. 다양한 축에 서 입체적으로 매출을 해석할 수 있어야 기업의 가치를 제대로 평가 할 수 있으며, 바이어나 투자자에게도 설득력 있는 인사이트를 제공 할 수 있습니다.

공헌이익 분석

공헌이익Contribution Margin은 경영 분석에서 매우 중요한 개념으로, 제품이나 서비스의 판매가 고정비를 얼마나 보전하고, 최종적으로 이익에 얼마나 기여할 수 있는지를 판단하는 기준이 됩니다. 이는 손익 구조를 보다 구체적으로 이해하고, 가격 정책이나 마케팅 전략을 수립하는 데 필수적인 지표입니다.

공헌이익은 매출액에서 변동비, 즉 판매량에 따라 직접적으로 증가하거나 감소하는 비용만을 제외한 금액을 의미합니다. 예를 들어 커피 한 잔을 4,000원에 판매한다고 가정해 보겠습니다. 이때 원두, 우유, 종이컵 등 커피를 만드는 데 반드시 들어가는 원재료 비용이 1,000원이라면, 이 변동비를 차감한 3,000원이 바로 공헌이익입니다. 즉, 커피 한 잔을 팔 때마다 3,000원이 고정비를 충당하는 데 사용될 수 있다는 뜻입니다.

공헌이익은 손익분기점Break-even Point, BEP을 계산하는 데 매우 유용하게 활용됩니다. 예를 들어 한 달 고정비가 600만 원인 카페가 있다고 할 때, 위의 예시처럼 단위당 공헌이익이 3,000원이라면, 600만 원을 3,000원으로 나누어 최소 2,000잔을 팔아야 손익분기점에 도달할 수 있다는 계산이 가능합니다. 이는 고정비를 상쇄하고 이익을 내기 위한 최소 판매 수량을 의미하며, 매우 실용적인 경영 지표입니다.

공헌이익은 할인 정책을 설정할 때에도 중요한 기준이 됩니다. 변동비가 1,000원이라는 사실을 고려하면, 이보다 낮은 가격으로 판매할 경우 오히려 팔수록 손해를 보는 구조가 됩니다. 따라서 할인 가격이 최소한 변동비 이상이 되도록 조정하는 것이 중요하며, 공헌이익 분석은 이 판단의 기초가 됩니다.

한편, 분석 시 주의할 점은 모든 고정비가 반드시 '절대 고정비'는 아니라는 사실입니다. 실제 경영 현장에서는 판매량이 일정 수준을 넘어서면 추가 인력이 필요하거나, 생산 설비를 확대해야 할 수도 있습니다. 이와 같은 비용은 고정비로 분류되더라도 '준고정비Semi-fixed Cost'로 볼 수 있으며, 일정 구간 이상에서는 그 규모 자체가 증가하는 구조일 수 있습니다. 따라서 단순한 고정·변동비 구분을 넘어서, 생산 및 운영의 유연성과 비용 구조의 탄력성까지 함께 고려하는 것이 바람직합니다.

결국 공헌이익은 단순한 숫자가 아닌, 가격 결정, 영업 전략, 원가구조 파악, 손익 예측 등 다양한 경영 의사결정의 출발점입니다. 이 개념을 정확히 이해하고 분석하는 역량은 기업의 수익성 확보와 안정적 운영을 위한 기본이라 할 수 있습니다.

이익을 둘러싼 핵심 지표들

기업의 수익성과 가치를 평가할 때 자주 등장하는 개념으로 EBIT, EBITDA, 조정 EBITDA Normalized 및 Adjusted EBITDA, 가상 재무제표Proforma, FCFF 등이 있습니다. 이들은 각각의 목적에 따라 분석 대상에서 제외하거나 포함하는 항목들이 다르며, M&A나 기업 가치 평가, 투자 결정 시 그 의미를 정확히 이해하고 해석하는 것이 매우 중요합니다.

우선 EBIT는 'Earnings Before Interest and Taxes'의 약어로, 흔히 '영업이익'이라고 번역됩니다. 이는 매출에서 매출원가, 판매관리비 등을 차감한 금액으로, 본질적으로 기업의 '영업 활동'에서 벌어들인 이익을 의미합니다. 여기서 중요한 점은 자금 조달과 관련된 비용, 즉 이자비용이 EBIT 계산에는 포함되지 않는다는 것입니다. 이는 기업이 부채를 얼마나 활용하고 있는지와 무관하게 사업 자체의 수익성만을 평가하기 위한 지표임을 의미합니다.

또한 EBIT는 세전 기준이므로 법인세의 영향을 고려하지 않습니다. 세금은 영업 성과와는 별개로, 법적 구조, 국가별 세제, 감면 정책 등에 따라 크게 달라질 수 있기 때문입니다. 영업이익은 비영업적 활동의 성과도 제외합니다. 예를 들어, 유형자산의 매각이나 투자 주식 평가손익과 같은 본업 외 활동은 EBIT에 포함되지 않습니다. 마찬가지로 환율 변동에 따른 손익도 일반적으로 영업 활동의 직접 결과로 보지 않기 때문에 EBIT에서 제외됩니다.

EBITDA는 EBIT에 감가상각비Depreciation and Amortization를 더한 값으로, 기업의 영업 활동으로부터 창출된 '현금창출력'을 평가할 수 있는 지표입니다. 여기서 감가상각비란, 과거에 지출된 자본적 투자 CAPEX에 대해 회계적으로 인식된 비용이며, 실제로는 당해 기간에 현금 유출이 발생하지 않습니다. 따라서 EBITDA는 일정 기간 동안 기업이 본업을 통해 벌어들인 순현금 흐름을 간접적으로 나타낸다고 볼 수 있습니다. 이 개념은 특히 부채 상환 능력, 현금창출력 비교 등에 많이 활용됩니다.

조정 EBITDA Normalized EBITDA는 기업의 실제 수익성과 현금 창출력을 보다 현실적으로 반영하기 위한 개념입니다. 여기서 'Normalized'는 비정상적이거나 일회적인non-recurring, 또는 본질적인 영업 활동과 무관한non-operating 항목을 제거하여, 기업이 '정상적인 상황'에서 벌어들일 수 있는 EBITDA를 산출하겠다는 의도를 담고 있습니다. 일부에서는 이와 유사한 의미로 'Adjusted EBITDA'라는 용어를 사용하기도 하며, 실무에서는 두 용어가 거의 혼용되는 경우가 많습니다. 다만 일부 분석가나 회계 전문가들은 엄밀히 보면 차이가 있다고 보기도 합니다.

조정 EBITDA를 계산할 때에는 다양한 조정 항목들이 고려됩니다. 예를 들어, 지나치게 과도하게 지급된 임원 보수, 실질적으로 근무하지 않는 인력에 대한 급여, 영업 활동과 무관한 개인 접대비, 일회성 자문 비용(소송 대응, 회계 또는 법률 자문 등), 자연재해로 인한 손실, 일시적인 구조조정 비용, M&A 관련 자문 비용, 자산 매각 등은 통상 조정 대상이 됩니다. 이 항목들은 매년 반복되지 않거나 기업의 근본적인 영업 성과와 직접적 관련이 없는 비용이므로, 이를 제거하고 계산한 EBITDA가 기업의 '지속가능한 수익력'을 더 잘 나타낸다고 볼 수 있습니다.

가상 재무제표Pro-forma라는 개념도 이와 유사하게 사용됩니다. 다만 일정한 가정하에서 재무 수치를 조정하는 방식으로 활용된다는 특징이 있습니다. 예를 들어, 보고 기간 중에 발생한 구조조정이나 회계 기준 변경, 혹은 분기 실적이 급격히 성장했을 경우 이를 연환산하여 실적을 보정하는 방식입니다.

가상 재무제표 EBITDA는 미래의 손익을 예측하는 것이 아니라, 이미 발생했거나 가까운 시일 내에 있을 재무 변화의 영향을 현재 수치에 반영한 것입니다. 실무적으로는 인수 예정 기업의 재무제표를 조정하거나, 합병 후의 예상 재무 상태를 시뮬레이션하는 데 사용됩니다.

마지막으로 FCFF, 즉 'Free Cash Flow to the Firm'은 DCF 방식의 기업 가치 평가에서 중심이 되는 현금 흐름 지표입니다. 이는 기업이 영업 활동을 통해 벌어들인 현금에서 유지·성장을 위한 투자CAPEX, 세금 납부, 운전 자본Working Capital 변동을 반영하여 산출된 '자유 현금 흐름'입니다. 여기에는 자본조달(이자비용, 배당 등)과 관련된 현금 흐름은 포함되지 않으며, 순수하게 기업의 내부 역량으로 발생한 현금 흐름만을 측정하는 것이 목적입니다.

운전 자본의 변동은 실무적으로 매우 중요한 조정 요소입니다. 계절성, 재고 운영 정책, 매출채권 회수 등 다양한 요인으로 인해 현금 흐름이 크게 달라질 수 있으며, 이에 따라 특정 분기 또는 연도의 FCFF만을 기준으로 기업 가치를 평가하는 것은 위험할 수 있습니다. 따라서 FCFF 분석 시에는 중장기적인 흐름을 파악하는 것이 더 바람직합니다.

이처럼 EBIT, EBITDA, 조정 EBITDA, 가상 재무제표, FCFF는 각각의 목적에 따라 쓰임이 다르며, 숫자의 겉모습만이 아니라 그 의미와 배경을 정확히 해석하는 것이 중요합니다. 특히 M&A나 투자, 기업 가치 평가 등의 실무 현장에서는 이들 개념이 복합적으로 작용하므로, 단순 정의에 머무르지 않고 조정의 논리와 맥락을 깊이 이해할 필요가 있습니다.

지배력을 사는 경영권 프리미엄

경영권 프리미엄이란, 단순히 소수 지분이 아닌 회사의 경영권을 확보할 수 있는 수준의 지분에 대해 추가적으로 지불하는 금액 또는 가치를 의미합니다. 이는 반드시 과반수 이상의 지분을 확보해야만 인정되는 것은 아니며, 실질적으로 기업의 운영을 통제할 수 있는 수준의 지분이면 경영권 프리미엄이 붙을 수 있습니다. 이른바 '지배력'을 확보할 수 있는 지분에 대한 가치를 추가적으로 인정해 주는 구조입니다.

이러한 프리미엄은 단순 투자자로서의 지분 보유와는 다른 가치를 부여하는 것에서 비롯됩니다. 예를 들어, 회사의 지분을 보유한 일반 투자자는 배당금이나 주가 상승에 따른 수익을 기대할 수 있지만, 경영권을 확보한 인수자는 기업의 전략을 변경하거나 구조조정을 통해 직접적으로 기업 가치를 높일 수 있고 그 과정에서 자신에게 유리한 의사결정을 수행할 수 있습니다. 따라서 경영권 확보를 통해 기대되는 이익이 클수록, 그에 대한 프리미엄 또한 높게 형성될 수 있습니다.

프리미엄의 수준은 일반적으로 30% 내외에서 형성되는 경우가 많지만 정해진 수치가 있는 것은 아니며, 거래의 성격이나 시장 상황, 산업 구조, 인수자의 시너지 기대 등에 따라 달라집니다. 때로는 50% 이상의 프리미엄이 붙는 사례도 있으며, 이 수치에는 명확한 이론적 기준보다는 시장 관행과 협상력이 더 크게 작용하는 것으로 보입니다.

또한, 저평가된 주식에 대한 거래에서의 경영권 프리미엄은 다소 해석이 다를 수 있습니다. 예를 들어 시장에서 저평가된 주식을 프리미엄을 얹어 인수한다 하더라도, 실제로는 정당한 기업 가치 수준으로 거래가 이루어진 것일 수 있습니다. 즉, 해당 프리미엄은 명목상 프리미엄일 뿐 실질적으로는 기업의 적정 가치로 회복되었을 따름이라는 해석도 가능하다는 것입니다. 따라서 경영권 프리미엄이 실제로 존재한다고 보기 위해서는 현재 시장가가 적정 가치에 비해 과소평가되어 있지 않다는 전제가 필요합니다.

상장사에서는 이러한 경영권 프리미엄이 상대적으로 명확하게 인정되는 경향이 있습니다. 특히 공개 매수 시에는 시장가격보다 일정 수준 이상을 제시해야 거래가 성사되는 경우가 많기 때문입니다. 그러나, 최근에는 의무공개매수제도 등 제도 개선 논의가 활발히 진행되고 있으며, 이는 향후 상장사의 경영권 거래에서 프리미엄에 대한 접근 방식에 상당한 영향을 줄 수 있습니다. 이 제도가 도입되면 특정 대주주만 프리미엄을 받고 매각하는 구조에 제한이 생길 수 있으므로, 상장사 대주주가 매각을 고려 중이라면 시기적인 전략을 고민해 볼 필요가 있습니다.

비상장사에서는 경영권 프리미엄이 다소 모호하게 다루어지기도 합니다. 평가 방식에 따라 그 적용 여부가 달라질 수 있기 때문입니다. 예를 들어, 상장사의 시장 멀티플을 기준으로 비상장사를 평가할 경우에는 경영권 프리미엄을 별도로 적용해야 할 여지가 있습니다. 반면, 실제 거래된 유사 기업의 거래 배수를 활용할 경우에는 해당 멀티플 자체에 이미 프리미엄이 반영되어 있을 가능성이 있으므로, 이중 적용을 피하기 위해 별도의 프리미엄은 부여하지 않는 것이 더 타당해 보입니다.

DCF 방식의 평가에서는 경영권 프리미엄의 적용 여부에 대한 이견이 존재합니다. 일부는 DCF에 이미 기대 가치가 포함되어 있다고 보기 때문에 별도의 프리미엄을 추가할 필요가 없다고 주장하고, 또 다른 일부는 경영권을 통한 추가적 의사결정 권한 및 시너지 등을 고려해 별도의 가산이 필요하다고 해석합니다. 실제 적용 여부는 평가의 목적과 대상, 그리고 협상 구조에 따라 달라질 수 있습니다.

마지막으로, 거래 구조상 동반매도청구권Drag-along 등과 같이 지배주주에게 유리한 권리가 부여된 경우에는 해당 권리 자체가 경영권의 실질적 가치를 강화하는 요소로 작용하기 때문에, 이 경우에는 경영권 프리미엄의 적용이 보다 자연스러울 수 있습니다.

결론적으로, 경영권 프리미엄은 수치로 환산되는 요소를 넘어 기업 지배력과 전략적 가치에 대한 시장의 기대를 반영한 것이라 할 수 있습니다. 평가 방식, 거래 구조, 산업 특성 등을 종합적으로 고려한 해석이 요구되는 민감한 개념이므로, 실무적으로는 보다 정교한 판단이 필요합니다.

본질적 가치를 검증하는 실사 ⟶

실사Due Diligence란 M&A나 투자 과정에서 대상 기업에 대한 정보를 면밀히 검토하고 확인하는 절차입니다. 숫자를 검토하는 것은 물론, 그 숫자에 담긴 의미와 기업의 본질적 가치까지 해석하는 작업이라

할 수 있습니다. 실사는 위험을 사전에 인식하고 거래 조건에 반영함으로써 향후 분쟁이나 손실 가능성을 줄이는 것을 목표로 합니다.

가장 기본적인 목적은 제시된 재무 정보가 신뢰할 만한 것인지 확인하는 것입니다. 특히 외부 감사가 이뤄지지 않은 중소기업의 경우, 매출 인식 기준, 비용 처리 방식, 자산의 실재성 등에 대해 면밀히 검토해야 합니다. 이는 회계 실사 또는 재무 실사Financial Due Diligence의 기본적인 역할이며, 이 과정에서 'QoE Quality of Earnings', '조정 EBITDA', '가상 재무제표 수치' 등의 개념이 등장합니다. 이는 단순한 숫자가 아닌, 실제 영업 현금창출력을 반영한 수치로 거래 가격의 근거가 되기도 합니다.

실사의 또 다른 목적은 숨겨진 리스크의 식별입니다. 예를 들어, 세금 미납이나 이연 세금 부채의 존재, 주요 계약의 불리한 조건, 소송 리스크, 근로계약 위반 등은 거래 성사 이후에 기업 가치에 큰 영향을 줄 수 있습니다. 이러한 위험 요소는 재무, 세무, 법무 등 각 분야의 실사를 통해 발견되며, 경우에 따라 사업성, 경쟁력, 조직문화 등을 파악하기 위한 상업 실사, 기술 실사, 환경 실사, 지식재산권 실사, 인사 실사, IT 시스템 실사까지 확대되기도 합니다.

이러한 실사 결과는 결국 거래 조건, 산정 가격, 계약서 조항(진술 및 보장, 보상 조항 등)에 반영되어야 의미가 있습니다. 그러나 실무에서는 시간과 비용, 특히 딜 클로징의 압박 속에서 실사의 깊이나 폭이 제한되는 경우가 많습니다. 가격이 이미 사실상 확정되어 있는 상태에서 실사는 형식적 절차로 전락하거나, 문제가 발견되어도 무시하고 거래를 진행하는 경우도 있습니다. 이는 결과적으로 계약 체결 이후 분쟁으로 이어지는 원인이 되기도 합니다.

실사는 리스크를 완전히 제거하기 위한 절차라기보다는 인수자 또는 투자자가 감당 가능한 수준으로 리스크를 관리하고 의사결정의 질을 높이기 위한 과정이라고 보는 것이 타당합니다. 실사를 통해 모든 문제를 다 밝혀낼 수는 없습니다. 하지만 문제를 전혀 검토하지 않은 채로 접근하는 것보다는 실사를 통해 얻은 통찰로 거래 구조나 조건을 유연하게 설계하고 협상하는 것이 훨씬 현명한 전략입니다. 리스크를 아예 없앨 수는 없어도 통제할 수는 있습니다.

M&A 거래에서 실사는 계약서의 핵심 조항을 결정짓는 중요한 기반이 됩니다. 실사를 통해 드러난 잠재적 문제들이 어떻게 계약서에 반영되는지를 이해하는 것은 실무적으로 매우 중요합니다. 실사와 계약서가 단절되면 투자자나 매수자가 예상하지 못한 리스크를 떠안게 되는 경우가 많기 때문입니다.

우선, 가장 일반적인 대응 방식은 가격 조정입니다. 예를 들어 매출 인식 방식에 문제가 있거나, 과대계상된 자산이 발견되면 해당 항목만큼 인수 금액에서 차감하거나, 이를 반영한 '조정된 재무제표 기준'으로 최종 금액을 확정하게 됩니다. 이를 '가격 조정 Purchase Price Adjustment 또는 Closing Adjustment'이라 부릅니다.

두 번째는 에스크로 Escrow 조항입니다. 인수 이후 일정 기간 동안 문제가 발생할 경우를 대비해 일부 대금을 제3자 계좌에 예치해 두는 방식입니다. 대표적으로 세금 리스크나 소송 가능성이 있는 경우 활용되며, 리스크의 크기와 기간에 따라 금액과 보존 기간이 정해집니다. 에스크로는 리스크 헤지 수단이자, 매도자와 매수자 간 신뢰 부족을 보완하는 장치로 활용됩니다. (다만, 실무적으로 적용되는 케이스는 드문 편입니다.)

세 번째는 진술과 보장 조항Representations & Warranties입니다. 매도자가 특정 사실을 보장하고, 사실이 다를 경우 손해를 배상하겠다는 조항입니다. 실사를 통해 발견된 리스크 중 구조적인 부분이나 복잡한 사안은 이 조항에 포함되며, 경우에 따라 손해배상Indemnity 조항과 결합되어 별도 손해배상 책임을 설정하기도 합니다.

네 번째는 언아웃Earn-out 조건이나 리픽싱Re-fixing 구조입니다. 매출 또는 이익이 일정 기준 이상 달성되지 않을 경우, 지급 예정이었던 잔금을 지급하지 않거나 가격을 다시 조정하는 방식입니다. 실사에서 불확실성이 높다고 판단된 경우 이를 활용해 리스크를 매수자와 매도자 간에 나누는 구조입니다.

마지막으로, 주주 구성이나 계약상 주요 이해관계자와의 관계에서 문제가 드러날 경우, 선결 조건Conditions Precedent으로 설정하여 해당 사항이 해결되기 전까지 거래를 유예하는 방식도 자주 사용됩니다.

이처럼 실사는 단순한 검토 절차가 아닌 계약서 내용을 결정짓는 핵심 과정입니다. 실사 결과를 계약서에 반영하는 과정은 법률적 해석, 협상력, 리스크 분담 구조의 설계가 복합적으로 작용하는 영역이므로, 전문가의 조력이 반드시 필요합니다. 실무에서는 '계약서가 실사의 결과를 얼마나 잘 반영했는가'가 거래 이후의 분쟁 가능성을 크게 좌우하게 됩니다.

5장

매도자를 위한
6가지 조언

매각 결정을 과소평가하지 마라

기업의 매각은 흔히 창업자나 경영자의 개인적인 판단에서 출발합
니다. 창업 이후 일정한 성장을 이룬 기업이 외부 자본이나 전략적
파트너를 찾기 위해 매각을 고려하는 경우도 있고, 창업자의 은퇴,
세대 교체, 리스크 회피 등 다양한 개인적 동기에서 출발하기도 합
니다.

  그러나 시작점이 개인의 판단이라고 하더라도, 실제 매각 결정은
단순히 개인적 사유만으로 이루어져서는 안 됩니다. 기업의 재무 상

태, 시장 내 입지, 성장 가능성, 산업의 구조적 변화, 그리고 기업의 중장기 전략적 방향 등 다면적인 요소를 종합적으로 고려하여 판단해야 합니다.

기업의 매각은 단순히 기업 소유주만의 문제가 아닙니다. 매각 결정은 직원, 거래처, 채권자, 고객, 심지어는 경쟁사 및 시장 전체에까지 다양한 파급 효과를 주게 됩니다. 새로운 주체가 기업을 인수하게 되면 조직 운영 방식이 달라지거나, 기존의 비즈니스 전략이 수정될 수도 있기 때문입니다. 따라서 매각은 하나의 '시장 이벤트'로서 그 파장을 고려한 신중한 접근이 필요합니다.

또한, 매각 성공 여부는 기업 내부의 상황만으로 결정되지 않습니다. 기업의 수익성과 시장 점유율, 고객 기반과 같은 내적인 요인은 물론 중요하지만, 외부 환경(예를 들어 M&A 시장의 전반적인 유동성, 투자자들의 관심도, 관련 산업의 인수 트렌드 등)도 큰 영향을 미칩니다. 아무리 우수한 기업이라고 하더라도 시장의 투자 심리가 냉각되어 있는 시기에는 원하는 조건으로 매각하기가 어려울 수 있습니다. 반대로 M&A 시장이 활발하고 관련 산업에 대한 투자자들의 기대감이 높을 경우, 동일한 기업이 기대 이상의 높은 가치로 매각되는 경우도 존재합니다.

실제로 매각을 결정하더라도 그 실행 과정은 결코 단순하거나 쉽지 않습니다. 가격 문제가 가장 먼저 떠오르겠지만, 그 외에도 거래 구조 설계, 실사, 법률 검토, 세금 이슈, 고용 승계, 인수 후 통합등 복잡한 절차가 수반됩니다. 또한, 잠재 매수자와의 신뢰 관계 구축, 정보 제공의 범위와 시기, 그리고 협상 전략 역시 전체 성공 여부에 큰 영향을 미칩니다.

M&A 시장에도 '유행'이라는 요소가 존재합니다. 동일한 기업이라 하더라도 시장 환경이 좋을 때는 높은 가치로 매각되지만, 시장이 침체기에 들어서면 아무리 좋은 조건을 제시하더라도 매각이 성사되지 않는 경우가 발생합니다. 이는 기업의 매각이 절대적 가치보다 상대적 수요에 의해 영향을 받는다는 점을 보여 줍니다.

기업의 매각 시점 또한 사업의 성장 단계와 밀접하게 연결되어 있습니다. 초기 단계에서는 기술력이나 아이디어를 중심으로 한 전략적 투자자가 관심을 가질 수 있으며, 성장 궤도에 진입한 기업은 수익성과 시장성을 바탕으로 보다 높은 가치로 평가될 가능성이 있습니다. 반면, 성숙기에 접어든 기업은 투자자의 관점에서 성장 여력이 제한적으로 보일 수 있어 상대적으로 매각이 쉽지 않을 수 있습니다.

지금 당장 매각을 추진할 계획이 없다고 하더라도, 기업 경영자라면 항상 '언제, 어떻게 회사를 가장 좋은 조건에 매각할 수 있을까'에 대한 고민을 가지고 있어야 합니다. 이를 알고 준비하는 것은 장기적인 경영 전략 수립의 일환입니다. 매각의 타이밍을 잘 파악하고 내부 역량을 정비해 두는 기업은 실제 매각을 추진할 때 협상력에서도 우위를 점할 수 있으며, 시장의 기회를 보다 능동적으로 활용할 수 있는 위치에 서게 됩니다.

매각은 기업 생애주기의 중요한 전환점이며, 단기적 판단이 아닌 장기적인 전략의 결과로서 이뤄져야 합니다. 따라서, 평소부터 M&A 시장에 대한 이해와 기업 내부의 역량 정비를 병행하는 것이 바람직합니다.

매각을 고려할 때 점검해야 할 사항들

회사를 매각한다는 결정은 자산 처분의 개념 이상입니다. 창업자나 경영자에게 있어 회사의 매각은 하나의 인생 전환점이 될 수 있는 중대한 의사결정입니다. 따라서 감정적 판단보다는 논리적이고 체계적인 점검이 선행되어야 하며, 아래와 같은 항목들을 차분하게 검토해 보는 과정이 필요합니다.

우선, 현재의 재무 상황에서 과연 회사 매각이 가능한지를 객관적으로 판단해 보아야 합니다. 매출 규모가 너무 작거나, 지속적인 적자가 발생하는 상황에서는 매각 가능성 자체가 떨어질 수 있습니다. 매각가는 통상적으로 실적을 기반으로 한 기업 가치를 반영하기 때문에, 수익성이나 현금 흐름이 좋지 않다면 기대 이하의 가격을 제시받거나, 아예 매수자를 찾기 어려울 수도 있습니다.

다음으로는 시장성입니다. 현재 M&A 시장에서 내 비즈니스를 인수하려는 수요가 얼마나 있는지 확인해야 합니다. 이는 산업 내 경쟁 구도, 관련 기업들의 인수 전략, 그리고 투자자들의 관심도에 따라 달라질 수 있습니다. 특히 매수자가 전략적 투자자인지 재무적 투자자인지에 따라서 접근 방식과 기대 조건이 다르므로, 이를 사전에 파악하고 대비하는 것이 중요합니다.

세 번째는 매각의 타이밍입니다. 현재보다 한두 분기 후에 실적이 더 좋아질 가능성이 명확하다면, 그 이후를 매각 시점으로 고려해 볼 수 있습니다. 다만 모든 기업이 한꺼번에 시장에 나오는 시점, 즉 매도자가 몰리는 시기에는 오히려 좋은 가격을 받기 어려울 수도 있습니다. 자산 가격이 최고조에 달하기 전에 '어깨'에서 파는 것이 바람직하다는 판단은 이러한 시장 타이밍의 중요성을 강조하는 말입니다.

네 번째로, 얼마에 회사를 매각할 것인지, 그리고 그 가격이 시장에서 실제로 받아들여질 수 있을지를 검토해야 합니다. 경영자의 희망 가격과 시장에서의 현실적인 거래가는 괴리가 있을 수 있으며, 이를 조율하는 것이 매각 성사 여부를 좌우하는 중요한 요소가 됩니다. 이 과정에서 외부 전문가의 조언이나 밸류에이션 리포트를 참고하는 것도 유용할 수 있습니다.

다섯 번째는 '누구를 통해' 매각을 진행할 것인지에 대한 판단입니다. 국내 시장에는 다양한 M&A 자문사들이 존재하지만, 실제로는 경험이 부족하거나 실무력이 떨어지는 곳도 적지 않습니다. 신뢰할 수 있는 전문가를 선별하는 일은 거래 성공 가능성과 직결되므로,

충분한 검토와 추천을 통해 파트너를 선정하는 것이 바람직합니다.

여섯 번째로, 매각 방식과 프로세스의 설정이 필요합니다. 공개적으로 매각을 추진할 것인지, 소수의 잠재 매수자에게만 비공개로 접근할 것인지에 따라 정보 노출의 범위, 협상력, 진행 속도 등이 달라집니다. 또한, 여러 자문사를 병행 활용할지, 단독으로 진행할지도 전략적으로 고려해야 할 사항입니다.

마지막으로, 무엇보다 중요한 질문은 '내가 진심으로 원하는 것이 무엇인가'입니다. 단순히 매각가를 극대화하는 것이 목적인지, 완전한 은퇴를 바라는 것인지, 아니면 회사를 더욱 성장시켜 줄 새로운 리더를 찾고 싶은 것인지 명확히 해야 합니다. 목표에 따라 매각 구조도 달라지고, 거래 방식, 매수자 선정 기준, 거래 후의 역할 설정까지 모두 달라질 수 있습니다.

회사 매각은 단순한 숫자나 가격의 문제가 아닙니다. 그것은 창업자 또는 경영자의 삶과 미래, 그리고 회사의 다음 단계를 어떻게 설계할 것인지에 대한 종합적 선택이기 때문입니다. 따라서 자신이 진정으로 원하는 바를 중심에 두고, 신중하게 매각 전략을 수립해 나가는 것이 무엇보다 중요합니다.

첫인상은 중요하다 ──────────────────────────────╮

M&A 과정에서 '첫인상First Impression'은 생각보다 훨씬 더 큰 영향을 미칩니다. 어떤 거래든 처음 접했을 때의 느낌, 즉 초기의 인상은 이후의 판단에 지속적으로 영향을 미치며, 한 번 형성된 인식은 쉽게 바뀌지 않는 경향이 있습니다. 이는 심리적 요인이기도 하지만, 동시에 시장 구조와 거래 관행에도 깊이 연관된 문제입니다.

M&A 시장에서 실제로 인수 여력이 있는 주요 바이어의 수는 그리 많지 않습니다. 특히 재무적 투자자인 LP(유한책임출자자)까지 포함하더라도, 특정 산업이나 규모에 관심을 가질 수 있는 투자자는 한정적입니다. 이러한 상황에서 주요 바이어들이 어떤 딜을 초기에 검토했다가 부정적인 인상을 갖고 철회하게 된다면, 해당 딜은 자연스럽게 시장에서의 선택지가 좁아지게 됩니다. 일종의 평판(레퓨테이션) 손실이 발생하는 것입니다.

이런 이유로 거래 초기 단계에서는 정보의 통제가 매우 중요합니다. M&A는 본질적으로 비공개를 전제로 한 거래이기 때문에, 비밀 정보의 관리Confidentiality는 철저해야 합니다. 특히 거래 개시 이전에 시장에 정보가 유출되거나, 부정확한 방식으로 소문이 퍼지는 경우에는 투자자의 신뢰를 잃을 수 있으며, 향후 협상 과정에서 불리한 위치에 놓일 수 있습니다.

누가, 어떻게 정보를 전달하느냐도 매우 중요합니다. 이는 단순히 형식의 문제가 아니라, 바이어가 정보를 받아들이는 방식에 실질적인 영향을 줄 수 있습니다. 때때로 소개자의 평판이나 전문성에 따라 거래에 대한 신뢰도가 달라지며, 적절한 자료 및 투자 의사결정의 판단 근거가 준비되었는지 여부도 신뢰성을 좌우합니다. 초기 정보 제공 시 투자자 입장에서 핵심적인 내용을 충분히 이해할 수 있도록 정리된 자료가 준비되어 있다면, 그만큼 딜에 대한 신뢰도와 검토 의지는 높아질 수밖에 없습니다.

가격 설정 역시 M&A 초기 단계에서 시장 인식에 영향을 주는 핵심 변수입니다. 무리하게 높은 가격으로 언론에 보도되거나 시장에 소문이 돌게 될 경우, 투자자들의 부정적인 인식을 초래할 수 있습니다. '너무 비싸다'는 인식은 자연스럽게 거래 자체에 대한 회의감으로 이어지고, 이는 바이어의 이탈로 연결될 수 있습니다. 초기에는 협상의 여지를 충분히 남겨 둔 채, 시장 반응을 관찰하며 유연하게 조정해 나가는 것이 바람직합니다.

이처럼 M&A에서의 첫인상은 단순히 감정적 문제가 아닙니다. 실제 거래 가능성과 직결되는 전략적 요소이며, 투자자들과의 신뢰 형성, 정보 전달 방식, 가격 포지셔닝 등 모든 요소가 유기적으로 작용합니다. 따라서 본격적인 딜 마케팅 이전의 준비 과정이 중요하며, 거래의 타이밍, 소개자 선정, 자료 작성, 시장 메시지 관리 등 모든 단계에서 전략적인 접근이 필요합니다.

결론적으로, M&A에서의 첫 단추를 잘 끼우는 일은 예의나 형식이 아닌, 실질적인 거래 성공률을 높이는 핵심 전략입니다. 한 번 실수하면 되돌리기 어려운 부분이므로 초기부터 전문가의 조언과 함께 치밀한 계획을 세우는 것이 바람직합니다.

자문사를 활용하라

매도자 입장에서 자문사를 활용하는 것은 성공적인 M&A를 이끌어 내기 위한 핵심 전략 중 하나입니다. 자문사는 단순히 딜을 연결해 주는 중개인의 역할을 넘어, 기업 가치 제고, 협상 전략 수립, 잠재 매수자 탐색, 실사 대응, 계약서 협상 등 전 과정에서 전문적인 지원을 제공합니다.

우선, 매도자가 자문사를 활용하는 첫 번째 이유는 시장에 매물로 나오는 순간부터의 정보 관리와 포지셔닝 때문입니다. 자문사는 매도 기업의 강점과 매력 포인트를 정리하여, 투자자 입장에서 매력적으로 보일 수 있도록 정보와 자료를 정제합니다. 예를 들어 재무제표를 보수적으로 정리하거나, 이익률을 높이기 위한 정상화(정상화 EBITDA 산정) 작업 등을 수행합니다.

두 번째는 적절한 매수자 풀의 확보입니다. 자문사는 시장에 잘 알려지지 않은 전략적 투자자SI나 사모펀드PE, 또는 해외 투자자 등 매도자가 직접 접근하기 어려운 플레이어들과의 네트워크를 이미 보유하고 있습니다. 이로 인해 매도자는 보다 폭넓은 매수자 후보군을 대상으로 협상을 시도할 수 있습니다. 경쟁이 붙으면 가격과 조건 모두에서 유리해질 가능성이 커집니다.

세 번째는 거래 구조 및 조건 협상 과정에서의 전문성 확보입니다. 가격 협상은 물론이고, 지급 조건(현금, 주식, 분할 지급 등), 클로징 조건, 향후 리스크 할당 방식(에스크로, 보증·진술 위반 시 손해배상 등)과 같은 복잡한 법률적, 재무적 이슈에 있어 자문사는 매도자에게 유리한 방안을 제시하고 협상을 진행해 줍니다. 특히 중소·중견기업의 경우, 내부적으로 M&A 경험이 부족한 경우가 많기 때문에 자문사의 리드 없이 거래를 진행할 경우 가격이 저평가되거나, 불리한 조건에 합의할 위험도 존재합니다. 따라서 자문사 수수료(보통 성공보수 기준 3~5% 수준)가 발생하더라도, 최종 거래 성과를 고려하면 충분한 가치가 있는 투자로 판단됩니다.

단, 자문사 선정 시에는 그 자문사의 실적, 네트워크, 거래 이해도, 매도자의 산업에 대한 전문성 등을 종합적으로 고려하는 것이 중요합니다. 자문사의 규모보다는 매도자와의 소통 능력과 실제 업무 투입 인력의 전문성이 거래의 성패를 가르는 요인이 될 수 있습니다.

매도자가 자문사를 잘 활용하면 정보 비대칭을 줄이고, 거래 가격 및 조건을 유리하게 이끌며, 딜의 전 과정을 보다 효율적이고 전략적으로 운영할 수 있게 됩니다. 이는 결국 매도자가 얻을 수 있는 수익과 안정성을 크게 높이는 결과로 이어집니다.

팔릴 때 팔아야 한다 ─────────────────────────┐

M&A로 수익을 실현하는 좋은 전략 중 하나는 '팔릴 때 파는 것'입니다. 이는 단순한 타이밍 이슈를 넘어, 시장의 흐름과 투자자의 심리를 이해하고 합리적인 결정을 내리는 것이 중요하다는 의미를 내포하고 있습니다.

실제로 M&A의 종결률, 즉 클로징까지 성공적으로 이어지는 확률은 생각보다 높지 않습니다. 표면적인 이유는 매수자와 매도자 간의 눈높이 차이지만, 더 깊이 들어가 보면 우리나라의 M&A 시장이 크지 않고 비공개 정보가 중심인 폐쇄적인 구조라는 점, 그리고 상대적으로 소규모 M&A가 잘 성사되지 않는 구조적인 한계라는 요인들도 존재합니다.

회사를 매도하려는 오너나 창업자는 종종 지나치게 높은 기대치를 갖습니다. 이는 언론을 통해 알려진 대형 거래 사례들이 왜곡된 기준을 제시하기 때문입니다. 주변에서 누구는 얼마에 회사를 팔았다는 소문도 이런 심리를 자극합니다. 하지만 실제 딜은 각자의 조건과 맥락이 다르므로, 이런 정보에 근거한 기대는 매각 성사 가능성을 오히려 낮출 수 있습니다.

반면, 매수자는 상대적으로 합리적인 의사결정을 하려는 경향이 강합니다. 재무적 투자자FI는 결국 LP(출자자)를 설득해야 하고, 전략적 투자자SI도 최종 결재권자와 분리된 검토 담당자가 실무를 진행합니다. 즉, 이들은 자금을 운용하는 입장에서 디테일한 논리와 실현 가능성을 중시합니다. 하지만 매도자는 이러한 투자자들의 판단 과정을 충분히 신뢰하지 못하는 경우가 많아 거래가 무산되기도 합니다.

또한 거래 규모가 작을수록 할인 요소가 많다는 점도 알고 있어야 합니다. 이를 소위 '사이즈 디스카운트'라고 하는데, 비상장 주식은 유동성 한계 때문에 상장 주식보다 낮은 평가를 받기 쉽습니다. 경영권 프리미엄도 상장사에서는 어느 정도 수용되지만, 비상장사에서는 받아 내기 어려운 경우가 많습니다.

언론에 보도되는 딜은 대부분 수천억~수조 원 단위의 대형 거래들입니다. 이러한 거래는 경쟁이 치열하고 구조가 복잡한 대신 기대할 수 있는 수익도 크기 때문에 높은 밸류에이션을 받는 경우가 많습니다. 그러나 중소형 거래에서는 이러한 기대를 그대로 적용할 수 없습니다.

결국, 적절한 매수자가 나타났을 때 매각을 진지하게 고려해야 합니다. 모든 조건이 완벽할 때를 기다리다 보면 기회를 놓칠 수 있으며, 시간과 자원도 한정되어 있기 때문에 '팔릴 때 파는 것'이 장기적으로 더 나은 수익을 보장할 수 있습니다. 이는 투자 시장 전반에 통용되는 말이기도 합니다.

어떻게 하면 비싸게 팔지 고민하라

성공적인 M&A를 위해서는 '고가 매도'가 중요합니다. 즉, 동일한 회사를 팔더라도 어떻게 하면 더 비싸게, 더 높은 가치로 매각할 수 있는지를 고민하는 것입니다. 이 전략은 특히 재무적 투자자FI나 사모펀드PE들이 자주 활용하는 방식으로, 그 실무적 논리와 기법은 매우 현실적이고 구체적입니다.

우선 밸류업이 핵심입니다. 이는 회사의 가치를 끌어올리는 작업으로, 매출을 증대시키거나 비용을 절감해 EBITDA(세전이자비용·세금·감가상각비 차감 전 이익)를 최대화하는 방식으로 접근합니다. 예를 들어 제조업에서는 원가구조 개선을 위해 생산 공정을 외주화하거나, 기존 공급처를 더 효율적인 파트너로 전환하는 방식이 고려될 수 있습니다. 경우에 따라서는 증설을 통해 규모의 경제를 노리는 전략도 존재합니다. 특히 인수 초기에는 중장기적 성장을 위한 투자에 집중할 수 있으나, 매각 1~2년 전에는 수익성 중심의 관리로 포커스를 전환해야 합니다.

그 다음으로 중요한 것은 매각의 타이밍입니다. 시장이 매도자 우위인 시점, 예를 들어 금리가 낮아 자본조달이 용이하거나, 특정 산업에 대한 투자자들의 관심이 급격히 증가한 시기에는 기업 가치가 상승하는 경향이 있습니다. 산업 전체가 주목받는 타이밍은 종종 멀티플이 상승하는 결과를 낳으며, 이때 매각하면 비교적 높은 금액으로 딜을 성사시킬 수 있습니다. 고점을 정확히 맞추기는 어렵기 때문에, 이른바 '어깨에서 파는 것'이 현실적인 전략으로 여겨집니다.

애초에 '비싸게 팔 수 있는 업종이나 회사'를 인수하는 전략도 있습니다. 예를 들어 대기업이 관심을 가질 만한 신성장 산업이나, 사모펀드가 선호하는 규모와 재무 구조를 갖춘 회사를 선별적으로 매입하여 가치를 키운 후 매각하는 방식입니다.

멀티플 플레이 전략도 주목할 필요가 있습니다. 이는 상대적으로 낮은 밸류에이션이 적용되는 업종의 회사를 인수해, 높은 밸류에이션이 적용되는 업종의 자회사나 플랫폼에 합병시켜 프리미엄을 더하는 전략입니다. 물론 업종 간의 시너지가 충분히 설명 가능해야 하며, 구조적 타당성도 확보되어야 합니다.

매각 프로세스를 설계하는 것도 매우 중요합니다. 전략적으로는 입찰 경쟁을 유도해 가격을 끌어올릴 수 있으나, 시장의 관심이 낮은 기업을 무리하게 입찰에 부칠 경우 오히려 실패할 수 있으므로 신중해야 합니다. 핵심은 시장의 잠재적 인수자들이 해당 매물을 제대로 보고 판단할 수 있도록 하는 것입니다. 적절한 타기팅과 마케팅 전략이 병행되어야 합니다.

매각 자료 또한 정교하게 준비되어야 합니다. 회사의 강점과 미래 가능성을 인수자의 관점에서 이해할 수 있도록 전달하는 것이 필요합니다. 생각보다 많은 인수자들이 실무적으로 숫자와 개요를 떠먹여 주기를 기대하는 경우가 많기 때문에, 정보 제공의 수준이 거래 성사에 직접적인 영향을 미치는 경우가 잦습니다.

무엇보다 '잘 맞는 바이어'를 찾는 것이 중요합니다. 해당 산업에 대한 전략적 니즈가 있거나, 시너지 효과를 기대할 수 있는 바이어가 매물에 꽂히게 되면 일반적인 시장가격 이상을 지불하려는 경향도 나타납니다. 궁극적으로 가격은 수요자가 결정하는 것이므로, 누가 이 회사를 정말로 원할지를 끝까지 고민해야 합니다. 고가 매도는 철저한 사전 준비와 전략적 설계, 시장 감각, 그리고 실행력까지 종합된 결과라고 할 수 있습니다.

6장

---|---

매수자를 위한
5가지 조언

리스크를 회피하라 ————————————

M&A 거래에서 매수자는 본질적으로 불확실성과 리스크를 동반하게 됩니다. 특히 비상장 기업의 경우 정보 비대칭이 심하고, 거래 이후에도 예상치 못한 문제가 발생할 수 있기 때문에 매수자는 계약 구조를 통해 다양한 방식으로 리스크를 관리하려고 합니다. 다음은 실제 거래 구조에서 매수자가 자주 고려하는 리스크 회피 수단들에 대한 설명입니다.

첫 번째는 엑시트Exit 제한입니다. 이는 기존 경영진이나 주요 주주가 일정 기간 동안 잔여 지분을 외부에 매각하지 못하도록 제한하거나, 일정 기간 동안 경영에 계속 참여하도록 요구하는 방식입니다. 일반적으로 매수자는 경영의 연속성과 안정성을 확보하고자 하며, 특히 창업자 중심의 조직인 경우 이 조항이 중요하게 작용합니다. 기술적으로는 동반매각권Tag-along 방식과 결합되어 사용되기도 하며, 일정 조건이 충족되기 전까지는 제3자에게 매각이 불가능하도록 설계됩니다.

두 번째는 언아웃Earn-out 조항입니다. 이는 거래 대금의 일부를 유보하고, 이후 일정 기간 동안 회사가 특정 목표(매출, EBITDA 등)를 달성할 경우에만 지급하는 방식입니다. 성과 기반 지급 구조이기 때문에 매수자 입장에서는 초기 리스크를 분산할 수 있는 장점이 있습니다. 다만 실무상으로는 적용하기 까다로운 경우가 많으며, 성과 측정 기준의 모호성이나 경영권 행사 문제로 인해 실제로 많이 활용되는 구조는 아닌 것으로 보입니다.

세 번째는 리픽싱Refixing 조항입니다. 이는 거래 성사 이후 일정 시점까지 회사의 실적(보통 매출 또는 EBITDA)이 특정 수준에 미달할 경우, 주식 매입가를 조정하는 조항입니다. 이 역시 대체로 하방 조정 구조로 설계되며, 매수자가 사전에 예상한 수익성 또는 밸류에이션에 비해 실제 수치가 낮을 경우 가격을 낮추어 리스크를 보완합니다. 실무에서는 언아웃보다 이 방식이 더 자주 활용되는 편입니다.

네 번째는 엑시트 후 재투자 또는 소수 지분 잔존 구조입니다. 매도자가 일부 대금을 다시 재투자하거나 소수 지분을 남기고 매각하는 방식으로, 회사의 향후 성장성과 책임감을 공유하는 구조입니다. 재투자의 경우 종종 후순위 자금으로 참여하는 사례가 많아 매도자에게 상대적으로 불리할 수 있으며, 매수자 입장에서는 경영 동기를 유지시키는 수단으로 작용합니다.

다섯 번째는 풋옵션Put Option 입니다. 이는 특정 시점 이후 매수자가 잔여 지분을 매도자에게 되팔 수 있는 권리입니다. 이러한 구조는 보통 '파킹 딜Parking Deal'이라 불리는 거래에서 나타나며, 매수자가 일정 기간 기업을 보유했다가 원래의 소유주에게 다시 지분을 매각할 수 있도록 설계됩니다. 매우 예외적인 구조이며, 실제로는 쉽지 않은 협상 조항에 속합니다.

여섯 번째는 에스크로Escrow 및 대금 지급 유보입니다. 거래 대금의 일부를 일정 기간 동안 제3자 계좌에 보관하거나, 추후 발생할 수 있는 리스크 대응을 위해 지급 시점을 유보하는 방식입니다. 다만 국내 중소형 M&A에서는 자주 사용되지 않는 구조이며, 매도자가 이를 수용하기 어려워하는 경우가 많습니다.

마지막으로는 표시 및 보장Representations & Warranties, 이하 R&W 및 손해배상Indemnity 조항입니다. 이는 계약서상 매도자가 진술한 내용이 사실과 다를 경우 손해배상을 청구할 수 있는 구조로, M&A 계약의 기본적인 구성 요소에 해당합니다. 다만 이러한 조항은 법적 분쟁으로 이어질 가능성이 높기 때문에, 실무에서는 R&W 보험을 활용하거나 배상 한도 및 유효기간 등을 설정하여 리스크를 조정합니다.

요약하면, 매수자는 다양한 방식으로 거래 구조를 설계하여 리스크를 분산하고자 하며, 이는 단순히 법적 조항의 문제가 아니라 거래 성공과 이후의 경영 안정성 확보를 위한 전략적 선택입니다. 각 방식은 상대방과의 협상력, 거래 규모, 기업 특성에 따라 유연하게 조정되며, 무엇보다 거래 초기 단계에서의 사전 설계와 명확한 기준 설정이 중요합니다. M&A는 단순한 지분 이동이 아니라, 미래의 예측 가능한 위험을 어떻게 구조화하여 통제할 것인지에 대한 게임이라고도 볼 수 있습니다.

엑시트 전략을 미리 고려하라

M&A로 수익을 실현하기 위한 전략으로 인수 시점부터 매각 시점까지를 고려하여 투자 전략을 수립하는 것을 고려할 수 있습니다. 회사를 사들이는 데서 그치는 것이 아니라, 어떻게 하면 향후 매각이나 IPO를 통해 가치를 극대화할 수 있을지를 동시에 고민해야 한다는 의미입니다.

가장 먼저 고려할 점은, 회사를 재매각하거나 IPO를 추진하게 될 시점에 시장 환경이 어떻게 변해 있을지를 예측해 보는 것입니다. 매각 시점이 3년에서 5년 후라면, 그때도 여전히 시장이 해당 산업에 기대감을 가지고 있을지를 미리 판단해 봐야 합니다. 한때는 각

광받았지만, 짧은 시간 내에 시장의 관심에서 멀어지는 산업들도 많기 때문에 기대의 지속가능성이 중요합니다.

두 번째로는 인수 이후 회사를 운영하며 실질적인 가치를 얼마나 끌어올릴 수 있을지를 판단해야 합니다. 즉, 기존 조직이 인수한 회사를 잘 통합하고 성장시킬 역량이 있는지를 따져 보아야 합니다. 만약 인력이나 경험이 부족하다면, 신뢰할 수 있는 전문 CEO를 앉히거나 해당 산업에 능숙한 운영 파트너를 확보할 수 있는지 여부도 사전에 검토해야 합니다.

세 번째로는 인수 후 통합PMI이나 볼트온 M&A(관련 기업 추가 인수)를 통해 매출을 성장시키거나 비용을 절감할 수 있을지를 미리 검토해야 합니다. 어떤 경우에는 이미 사모펀드에 의해 효율적으로 관리되어 숫자상으로는 매우 좋아 보이지만, 추가적인 밸류업 여지가 거의 없는 기업도 있을 수 있습니다. 이런 점은 투자 시 신중히 검토되어야 합니다.

네 번째로는 회사를 매각하고자 할 때 실제로 이 회사를 사 줄 수 있는 바이어가 존재할지를 미리 상상해 보는 것입니다. 대기업, 중견기업, 혹은 M&A를 활발히 진행하는 기업들이 주로 관심을 가지는 산업군이나 성장 분야에 해당하는지 검토하는 것이 중요합니다. 참고로 재무적 투자자, 특히 사모펀드 간의 세컨더리 딜은 선호되지 않는 경우가 있으므로 이러한 구조적 제약도 고려해야 합니다.

마지막으로 M&A가 실패하거나 적절한 바이어를 찾지 못한 경우를 대비해 IPO라는 대안적 출구전략도 사전에 검토해 보아야 합니다. 물론 최근에는 국내 IPO 시장이 쉽지 않아 많은 기업들이 미국 상장을 고려하고 있지만, 실제로 미국에서 상장할 수 있는 한국 기업의 수는 제한적입니다. 그럼에도 불구하고, 상장 가능성을 열어두고 준비하는 것은 장기적인 전략 차원에서 충분히 의미가 있으며, 특히 미국 상장의 경우 상장 후 유지 비용에 대해서도 미리 검토할 필요가 있습니다.

이처럼 인수 시점부터 엑시트 전략을 함께 고려하는 사고방식은 M&A를 통한 수익 실현 가능성을 높이는 데 있어 매우 중요한 요소입니다.

어떻게 하면 싸게 살지 고민하라 ———————>

성공적인 M&A를 위해서는 우선 저가에 매수하는 것이 중요합니다. 즉, 싸게 사서 나중에 비싸게 파는 전략이며, 말은 단순하지만 실제 현장에서는 많은 요소들을 종합적으로 고려해야 합니다.

우선 인수 경쟁이 없는 비공개 딜, 이른바 '프라이빗 딜Private Deal'에서는 저렴한 가격의 인수 기회가 생길 가능성이 큽니다. 공개 경쟁 입찰로 진행되는 경우에는 자연스럽게 가격이 올라가기 때문에, 정보 비대칭성이 존재하고 제한된 관계 속에서 이루어지는 딜일수록 가격 조건이 매력적일 수 있습니다.

다음으로, 매도자가 M&A 시장을 잘 이해하지 못하거나 경험이 부족한 경우가 있습니다. 이들은 자신의 회사를 객관적으로 평가하지 못해 시장가보다 낮은 가격을 제시하거나, 반대로 비현실적인 기대를 가지는 경우도 존재합니다. 다만, 후자의 경우는 협상 자체가 어렵게 끝나는 경우가 많습니다.

비효율이 존재하는 기업도 유효한 저가 매수 대상이 됩니다. 예를 들어 조직구조가 복잡하거나 비용구조에 문제가 있는 회사라도 매수자가 그 구조를 빠르게 개선할 역량이 있다면 저렴하게 인수해 가치를 끌어올릴 수 있습니다. 특히 운영 개선이나 비용 절감 가능성이 명확한 기업은 매수 후 가치 상승 여력이 크기 때문에 좋은 기회가 될 수 있습니다.

거래 비교 사례가 없는 기업 또한 저가 매수의 기회를 제공할 수 있습니다. 시장에서 유사 사례가 존재하지 않으면 매도자도 가격에 대한 기준을 명확히 세우기 어려우며, 협상력이 약해질 수 있기 때문입니다. 물론, 이 경우 매수자 역시 밸류에이션 기준을 잡기 어려우므로 신중한 접근이 필요합니다.

특수 상황을 활용하는 것은 저가 매수 전략의 핵심 중 하나입니다. 현금 흐름에 문제가 있거나, 과도한 부채로 인해 유동성 위기를 겪는 기업, 지배구조 변화나 오너의 개인적인 사정(이혼, 건강 문제 등)으로 인해 급히 회사를 매각해야 하는 경우 등은 종종 시세보다 낮은 가격에 회사를 넘기게 됩니다.

또한, 경기 침체기나 산업 사이클의 저점 국면에서 회사를 인수하는 전략도 있습니다. 다만, 이 경우는 해당 산업이 회복 가능성이 있는 사이클 산업일 때만 적절한 전략이 됩니다. 예측이 어렵거나 지속적인 하락이 예상되는 산업의 경우에는 리스크가 더 클 수 있습니다.

마지막으로 작은 기업을 사서 키우는 전략도 매우 유효합니다. 100억 미만 규모의 기업은 인수 경쟁이 거의 없어 상대적으로 저렴한 가격에 인수가 가능하며, 이 회사를 일정 수준 이상으로 성장시켜 300억, 500억 이상의 기업으로 탈바꿈시킨다면, 자연스럽게 적용 가능한 멀티플이 높아져 높은 수익 실현이 가능해집니다.

결론적으로 저가 매수는 단순히 가격만 낮은 회사를 찾는 것이 아니라, 그 가격이 왜 낮은지를 분석하고, 향후 가치 상승 여력이 있는지를 철저히 검토하는 과정입니다. 싸게 산다고 해서 무조건 좋은 거래라고 할 수는 없으며, 매수자는 정보력, 분석력, 그리고 인수 후 실행 역량까지 종합적으로 갖추어야 합니다.

좋은 딜을 발굴하라 ⎯⎯⎯⎯⎯⎯⎯⎯⎯⎯

M&A에서 좋은 딜을 찾는 일은 거래 성패를 가를 정도로 핵심적인

요소입니다. 여기서 말하는 '좋은 딜'이란, 재무적으로 안정적이고, 인수 이후 시너지를 창출할 수 있는 기업을 인수하는 것을 의미합니다. 이런 기업을 발굴하기 위해 매수자는 다양한 접근 방식을 활용해야 하며, 대표적으로는 브로커 활용, 네트워크 기반 소싱, 직접 소싱 방식이 있습니다. 각각의 방식은 목적과 상황에 따라 다르게 활용되며, 장단점 또한 명확합니다.

먼저 브로커를 활용한 접근 방식은 시장에 존재하는 다양한 딜 정보를 체계적으로 얻는 데 유리합니다. 특히 중소·중견기업 대상 M&A에서는 브로커가 주도하는 딜이 많습니다. 브로커를 활용하면 비공개 매물에 접근할 수 있으며, 거래 과정 전반을 효율적으로 지원받을 수 있다는 장점이 있습니다. 다만, 수수료가 발생할 수 있고 브로커의 역량에 따라 거래의 질이 좌우될 수 있는 점은 감안해야 합니다.

네트워크 기반 접근은 신뢰를 바탕으로 한 인맥 중심의 비공식 거래 소싱 방식입니다. 업계 내 연결된 전문가들, 투자자, 기존 거래처 등과의 관계를 통해 딜을 발굴할 수 있습니다. 이는 비교적 수수료 부담이 적거나 없을 수 있고, 입찰 없이 거래를 진행할 가능성도 존재합니다. 하지만 거래가 성사되기까지 시간이 오래 걸릴 수 있으며, 정보 정리가 미흡할 수 있기 때문에 실사와 분석에 신중함이 요구됩니다.

직접 소싱은 매수자가 타깃 기업을 직접 탐색하고 거래를 제안하는 방식입니다. 특히 대기업이나 사모펀드에서 자주 활용하는 방법이며, 자신이 원하는 조건에 딱 맞는 기업을 발굴할 수 있다는 점에서 전략적인 이점이 있습니다. 그러나 매도자의 의사가 불확실하고 초기 신뢰 형성에 시간이 걸릴 수 있으며, 내부 리소스가 많이 소모될 수 있습니다.

결론적으로 가장 효과적인 방식은 위 세 가지를 복합적으로 조합하는 혼합 전략입니다. 시장 조사를 통해 잠재 타깃을 발굴하고, 네트워크로 매각 의향을 확인하며, 브로커를 통해 보다 넓은 정보를 수집하는 방식이 유효합니다. 특히 중소·중견기업 M&A 시장에서는 네트워크가 중요한 역할을 하므로, 지속적인 시장 모니터링과 관계 구축 노력이 병행되어야 합니다. M&A는 관계와 정보, 전략이 복합적으로 작용하는 과정이기 때문에 좋은 딜을 찾기 위한 체계적인 접근이 필수적입니다.

투자 기준을 설정하라

M&A가 비효율적으로 이루어지게 되는 가장 큰 이유 중 하나는 스스로 무엇을 원하는지 명확히 알지 못한 상태에서 M&A 시장에 접근하기 때문입니다. 투자 또는 인수 기준이 명확하지 않으면 시장에서 알맞은 딜을 받기 어렵고, 딜을 검토하는 데 과도한 시간과 자

원을 낭비하게 됩니다. 따라서 초기 단계에서 인수 목적과 투자 기준을 명확히 설정하고, 해당 기준에 부합하는 딜을 선별하여 빠르게 대응하는 체계가 매우 중요합니다.

기준 설정을 위해서는 인수자의 성격에 따라 관점을 구분할 필요가 있습니다. 전략적 투자자는 일반적으로 사업 시너지, 수직 또는 수평 통합의 효율성, 위치적 이점, 고객군의 중복 또는 확장 가능성, 기술 및 인력 확보 등을 중심으로 고려합니다. 또한 부동산과 같은 자산의 가치를 함께 고려하기도 하며, 투자 지분율, 매출 및 이익 규모, 성장성, 부채비율, 소송 유무, 노조 유무 등 구체적인 정량적·정성적 기준을 설정하여 리스크를 관리합니다. 이러한 조건은 인수 후 통합PMI의 난이도와 시너지 실현 가능성에도 직접적인 영향을 미칩니다.

반면, 재무적 투자자는 펀드의 성격에 따라 투자 전략이 달라질 수 있으며, 경영권 인수를 지향하는 바이아웃인지, 성장을 위한 소수 지분 투자인지에 따라 접근 방식이 다릅니다. 재무적 기준으로는 일정 수준 이상의 매출, EBITDA, 성장률 등을 요구하며, 투자 금액 및 회수 가능성, 리스크 요인을 보다 중점적으로 분석하게 됩니다.

이러한 기준이 명확하면 자문사나 브로커 등 시장 참여자들에게 본인의 관심사를 보다 효과적으로 전달할 수 있고, 자연스럽게 우선적으로 적절한 딜이 연결될 가능성이 높아집니다. 동시에 검토 효율성도 제고되어 유망한 딜을 빠르게 식별할 수 있게 됩니다.

다만 실무적으로 M&A는 매우 다양한 구조와 형태를 지니고 있으며, 시장에 기회 자체가 적기 때문에 지나치게 엄격하거나 정형화된 기준만으로 딜을 선별하는 것은 오히려 기회를 놓치는 결과를 초래할 수 있습니다. 따라서 핵심 투자 조건은 기본적으로 정해 두되, 실제 소싱 단계에서는 이를 보다 단순화하여 폭넓은 시야로 접근하는 것이 좋습니다. 의사결정자는 단순화된 프레임을 통해 보다 빠르고 유연한 판단을 내릴 수 있으며, 소싱 담당자 또한 다양한 기회를 제시할 수 있게 됩니다.

결론적으로, M&A에서 좋은 기회를 선점하려면 '원하는 바가 무엇인지'를 정확히 알고 있어야 하며, 시장과 소통할 수 있는 기준과 언어를 갖추는 것은 딜 소싱의 시작이자 핵심입니다.

7장

---|---

M&A 실전 개념 완성

M&A 자문사의 역할

M&A 자문사는 단순한 브로커가 아닙니다. 자문사는 시작 단계부터 클로징까지 전 과정에 깊이 관여하며 핵심적인 역할을 수행합니다. 특히 중소·중견기업이나 비상장사의 M&A에서는 정보 비대칭과 실무 경험의 부족으로 인해 자문사의 중요성이 더욱 크게 작용합니다.

자문사의 첫 번째 역할이자 가장 중요한 일은 M&A 전략 수립입니다. 이 단계에서는 해당 거래가 실제로 시장에서 실현 가능한 구조인지를 판단하고 전략을 설계합니다. 누가 인수할 수 있는지(전략적 투자자 또는 재무적 투자자), 언제 시장에 내놓아야 할지, 어떤 구조로 설계할지, 그리고 어떤 수준의 가격이 적절한지에 대한 전반적인 감각과 경험이 요구됩니다. M&A는 결국 타이밍과 구조 싸움이라는 말이 있을 정도로 초기 전략 수립이 중요합니다.

두 번째는 기업 가치 평가Valuation입니다. 이는 단순한 수치 계산을 넘어서 시장에서 실제 거래가 가능한 수준의 가격을 제시하는 능력을 의미합니다. 시장에 따라 적용되는 멀티플, 거래의 유사 사례, 그리고 DCF 등의 기법은 당연히 활용되지만, 이론만으로는 부족합니다. 투자자나 바이어의 기대치, 시장 분위기, 그리고 거래 구조를 함께 고려해야 하기 때문에, 실무적 감각과 시장 이해도가 함께 요구됩니다.

세 번째는 거래 구조 및 조건 설계Term & Structuring입니다. 이는 각 당사자의 입장을 조율하여 양측이 수용 가능한 조건을 도출해 내는 협상의 영역입니다. 때로는 밸류에이션의 간극을 조건으로 메우는 경우도 존재합니다. 예를 들어, 언아웃이나 지급 유예 구조 등을 통해 가격 차이를 조정할 수 있습니다. 이는 자문사의 경험과 창의성이 중요한 영역입니다.

네 번째는 딜 브레이커 이슈 파악Deal Breaker Identification입니다. 거래를 무산시킬 수 있는 핵심적인 리스크, 예를 들면 지분 구조 문제, 주요 계약 해지 조항, 규제 이슈, 소송 문제 등은 거래 초반부터 식별되어야 하며, 사전에 충분한 대안과 해결책을 준비해 두어야 합니다. 이는 단순 리스크 회피를 넘어 거래 성사 가능성을 높이는 전략이기도 합니다.

다섯 번째는 마케팅 및 자료 작성Marketing & Deck Preparation 입니다. 투자자나 인수자가 회사를 매력적으로 느낄 수 있도록 만드는 과정으로, 회사의 핵심 장점과 성장 가능성을 시각적, 논리적으로 표현하는 작업입니다. 흔히 말하는 'IMInformation Memorandum' 또는 '장표Deck'는 이 과정의 핵심 산물이며, 자문사의 실력 차가 가장 잘 드러나는 부분이기도 합니다.

여섯 번째는 적합한 투자자 연결Matching 입니다. 결국 거래는 양측의 니즈가 맞아야 성사됩니다. 시장에서 어떤 기업이나 펀드가 어떤 조건의 딜을 찾고 있는지, 어떤 제한이 있는지를 자문사는 미리 파악하고 있어야 하며, 이 정보력을 바탕으로 최적의 상대를 연결해야 합니다. 이는 정보의 범위와 깊이, 그리고 신뢰 기반 네트워크에 따라 성패가 갈리는 영역입니다.

일곱 번째는 소싱 및 피칭Sourcing & Pitching 입니다. M&A 자문사는 결국 거래를 발굴해야 합니다. 시장에서 공개적으로 경쟁을 통해 딜을 수임하는 방식도 있지만, 비공식적인 교류를 통해 사적으로 구조를 설계하는 경우가 더 많습니다. 업계에서는 오랜 기간 동안 어떠한 딜을 만드는 과정을 요리에 비유하여 딜을 '쿠킹Cooking'한다고 표현하기도 합니다. 이 과정에서 신뢰와 평판, 실력은 모두 중요하게 작용합니다.

여덟 번째는 거래 종결Closing 입니다. 최종 계약서 서명과 대금 수

령까지 자문사의 관리가 계속 이어져야 합니다. 서명 직전 단계에서는 세부 조항에 대한 조율, 대금 지급 조건, 제3자 승인 등 복잡한 사안들이 얽혀 있어 실무적 역량이 매우 중요합니다.

아홉 번째는 절차 관리Deal Processing입니다. 거래에는 매도자, 매수자, 법률자문, 회계자문, 세무자문 등 다양한 주체가 참여하게 됩니다. 이들을 조율하여 일정에 맞추고 정보를 공유하며, 각 단계가 원활히 진행되도록 조정하는 역할은 자문사의 기본 역량입니다. 프로젝트 매니지먼트 능력이 요구되는 부분입니다.

열 번째는 실사 관리Due Diligence Management입니다. 매수자 측 실사가 원활하게 진행되도록 정보를 정리하고, 자료를 제공하며, 이슈 대응을 관리하는 역할도 자문사가 수행해야 합니다. 실사 과정은 거래의 핵심 고비가 되며, 여기서 발생하는 리스크를 어떻게 관리하는지가 거래 성패를 좌우하는 경우도 많습니다.

대부분 M&A에서는 이 과정이 순차적으로 진행되기보다는 각 단계가 중첩되며 유기적으로 연결됩니다. 따라서 자문사는 단순히 문서를 전달하는 역할을 넘어서, 거래의 전체 맥락을 이해하고 리드할 수 있는 종합적 조정자Orchestrator로 기능해야 합니다. 이 모든 과정을 안정적으로 이끌어 가는 것이 M&A 자문사의 진정한 가치라고 할 수 있습니다.

재무적 투자자의 유형별 특징 ────────────┐

기업이 외부 자금을 유치할 때 마주하게 되는 재무적 투자자의 유형은 다양하며, 각기 다른 성격과 목적을 가지고 있습니다. 투자 금액, 투자 시점, 회수 방식, 의사결정 구조 등이 상이하기 때문에 기업은 자사의 성장 단계와 목표에 적합한 투자자를 이해하고 선택하는 것이 중요합니다.

  엑셀러레이터Accelerator, 이하 AC는 창업 초기 단계, 특히 극초기 스타트업에 투자하는 기관입니다. 보통 수천만 원에서 1~2억 원 정도의 소규모 자금을 투자하며, 이 과정에서 약 5%~10% 수준의 지분을 확보하는 경우가 많습니다. AC는 단순한 자금 투자 외에도 인큐베이션Incubation(기업의 비교적 초기 단계부터 종합적인 도움을 주는 것), 멘토링, 네트워크 연결, 데모데이(창업팀이 투자자나 외부 이해관계자들 앞에서 자신의 사업 아이템을 발표하는 프로그램) 운영 등 창업자에게 필요한 다양한 초기 인프라를 제공합니다. 투자금 회수보다는 창업 생태계 육성에 방점을 두며, 정부 지원 프로그램과 연계되는 경우도 많습니다.

  벤처 캐피털Venture Capital, 이하 VC는 성장 가능성이 있는 스타트업에 중소 규모의 자금을 투자하는 기관입니다. 통상 10억 원에서 50억 원 정도를 투자하며, RCPS(상환전환우선주) 형태로 참여하는 것이 일반적입니다. 담보나 보증 없이 투자가 이루어지며, 상장IPO이나 M&A 등을 통해 5~7년 내에 회수Exit하는 것을 전제로 합니다. 국내 VC는 대부분 중소기업창업투자회사법에 따른 등록기관이며, 민간 자금 외에 정책 자금의 비중도 높은 편입니다.

기업형 벤처 캐피털Corporate Venture Capital, 이하 CVC는 VC와 유사한 구조를 가지지만, 대기업 또는 중견기업이 전략적 목적을 가지고 자회사 형태로 설립한 투자 조직입니다. 단순한 수익 목적보다는 피투자 회사와의 시너지 창출, 신사업 진출, 기술 확보 등의 전략적 목적이 강조됩니다. 특히 모회사와 산업적 연관성이 있는 기업을 중심으로 투자가 이루어지며, 종종 후속 인수로 이어지기도 합니다.

신기술사업투자회사, 이하 신기사는 비교적 자유로운 구조를 가진 투자 운용사입니다. 자본금 100억 원 이상 등의 재무 요건이 있으며, 일반적인 VC보다 유연한 LP(유한책임출자자) 구성이 가능하고 공동 운용Co-GP 방식도 활발히 운영됩니다. Pre-IPO 단계 기업에 대한 투자가 많으며, 중대형 투자에 특화된 기관들이 다수 존재합니다. 벤처 생태계와 사모펀드 영역 사이에 존재하는 유연한 중간자 역할을 한다고도 볼 수 있습니다.

사모펀드Private Equity, 이하 PE는 대체로 100억 원 이상의 중대형 투자를 지향하는 투자자이며, 중위험·중수익 전략을 추구합니다. PE는 완전한 인수를 통해 경영권을 확보하는 바이아웃 방식은 물론, 지분 일부만을 확보하는 그로스Growth 투자(경영자를 믿고, 회사의 성장을 위한 자금 지원의 성격으로 투자하는 것)도 병행합니다. 기업 구조 개선, 사업 재편, 재무적 효율성 강화 등을 통해 기업 가치를 끌어올린 뒤, 보통 5년 이내의 기간 동안 투자 회수를 목표로 합니다. 투자 규모가 크고, 거래 구조가 복잡한 만큼 전문성과 협상력이 매우 중요한 영역입니다.

자산운용사는 전통적으로 부동산, 채권, 인프라, 주식 등 다양한 자산군을 운용하는 기관이지만, 최근에는 구조화 금융과 기업투자 분야에도 활발히 진출하고 있습니다. 이들은 광범위한 투자 라이선스를 가지고 있어 다양한 형태의 금융 상품을 설계할 수 있지만, 그만큼 규제와 보고 의무도 까다롭고 체계적입니다. 일부 자산운용사는 PE 또는 VC 라이선스를 보유한 자회사 또는 계열사를 통해 직접 투자에 나서기도 하며, 이 경우 실무적 피로도는 높은 반면 운용 범위는 비교적 유연한 편입니다.

정리하자면, 엑셀러레이터는 극초기 창업 기업의 성장을 돕는 지원자에 가깝고, VC와 CVC는 스타트업의 본격적 성장 국면을 타깃으로 합니다. 신기사는 구조적 유연성을 바탕으로 중형 투자를 담당하며, PE는 성숙 기업이나 대형 거래에 특화된 전문 투자자입니다. 자산운용사는 이들에 비해 폭넓은 포트폴리오 운용이 가능하지만 그만큼 제도적 제한도 더 많이 따릅니다.

기업 입장에서 재무적 투자자의 유형별 특성과 기대 역할을 올바르게 이해한다면 자금 유치뿐만 아니라 사업의 전략적 방향성 설정에도 큰 도움이 될 수 있습니다. 단순히 '투자 받기'에서 끝나는 것이 아니라, '누구에게, 왜, 어떤 구조로 투자 받을 것인가'를 고민하는 것이 궁극적으로 기업의 성장을 가속화시키는 핵심 전략이 될 것입니다.

사모펀드의 투자 구조 ─────────────────────┐

사모펀드의 가장 일반적인 투자 구조는 다양한 자금 조달 방식이 혼합된 형태로 설계되며, 투자자, 매도자, 금융기관 등 다양한 이해관계자 간의 이해를 조정하기 위한 복합적인 구조를 가집니다. 다음은 실제 시장에서 자주 활용되는 사모펀드의 대표적인 투자 구조입니다.

먼저, 사모펀드는 인수 대상 기업을 담보로 대출을 받습니다. 이를 인수금융Acquisition Financing이라 하며, 일반적으로 은행이나 대체금융기관 등으로부터 차입하는 구조입니다. 이때 사용되는 자금은 대개 인수 대금의 일부만을 충당하며, 나머지는 펀드 자금 또는 매도자와의 구조적 조정 등을 통해 확보하게 됩니다.

또한, 사모펀드는 자체 조성한 펀드 자금을 통해서도 기업의 지분을 인수합니다. 이 자금은 다양한 기관투자자들로부터 유치된 것으로, 일정 수익률을 목표로 설정된 투자자 자금을 바탕으로 구성됩니다. 사모펀드는 이 자금을 통해 일정 비율의 지분을 취득하며, 경영권을 확보하거나, 경영에 적극적으로 참여하게 되기도 합니다.

경우에 따라 매도자가 일정 지분을 다시 재투자하는 구조, 즉 롤오버Roll-over 방식이 사용되기도 합니다. 이는 매도자가 완전히 회사를 떠나지 않고 향후 성장에 따른 이익을 일부 공유하려는 의도가 반영된 구조입니다. 또한 매수자 입장에서는 초기 자금 부담을 줄이고, 경영진 또는 기존 주주의 인센티브를 유지할 수 있습니다.

이러한 구조의 장점에는 여러 가지가 있습니다. 첫째, 사모펀드는 레버리지(차입)를 활용함으로써 상대적으로 적은 자본으로도 더 큰 규모의 회사를 인수할 수 있습니다. 둘째, 매도자는 기업의 일부 지분을 유지함으로써 향후 업사이드Upside, 즉 성공의 과실을 공유할 수 있고, 동시에 비교적 낮은 밸류에이션에도 매각에 동의할 수 있는 유인을 가질 수 있습니다. 셋째, 매수자와 매도자 간 밸류에이션에 대한 간극이 존재할 경우, 이러한 구조를 통해 그 차이를 메울 수 있는 여지가 생깁니다.

특히 중견기업이나 오너가 경영하던 기업을 사모펀드가 인수하는 경우에 이 같은 구조가 자주 활용되며, 성공적인 투자 회수 시 모든 이해관계자가 이익을 나눌 수 있는 구조로 설계됩니다. 다만, 레버리지를 과도하게 사용할 경우 재무적 리스크가 증가할 수 있으므로 신중한 구조 설계가 필요합니다.

소규모 M&A 모델, 서치펀드

서치펀드Search Fund란, 자금은 없지만 기업을 직접 운영하고자 하는 역량 있는 개인이 투자자들로부터 자금을 조달하여 중소기업을 인수한 후 직접 경영하고, 기업의 가치를 높여 매각하는 구조의 투자 방식입니다. 이 개념은 1980년대 미국 하버드대학교 MBA 교수에 의해 처음 제안된 것으로 알려져 있으며, 이후 실리콘밸리와 스탠퍼드 MBA를 중심으로 발전해 왔습니다.

서치펀드는 본질적으로 '한 번의 기회'에 승부를 거는 구조입니다. 일반적인 벤처 캐피털이나 사모펀드의 경우, 다수의 포트폴리오를 통해 일부 실패를 다른 성공으로 보완할 수 있지만, 서치펀드는 하나의 기업을 인수해 성공시키는 데 모든 자원과 시간, 명성을 투자해야 하기 때문에 실패의 대가가 매우 큽니다. 따라서 서치펀드를 운영하는 인수자, 즉 '서처 Searcher'에게는 경영 역량뿐 아니라 높은 책임감과 리스크 감내 능력이 요구됩니다.

서치펀드는 보통 다음과 같은 4단계로 구성됩니다. 첫 번째는 '탐색 단계 Search Phase'입니다. 이 단계에서 서처는 약 1~2년간 자신이 인수하기에 적합한 기업을 찾습니다. 이 과정은 단순히 기업을 발굴하는 것을 넘어, 시장 조사, 경영진 미팅, 재무 실사 등을 포함한 포괄적인 탐색 과정입니다. 초기에는 투자자들이 이 탐색 비용을 지원하는 방식으로 참여하게 됩니다.

두 번째는 '인수 단계 Acquisition Phase'입니다. 적절한 기업을 찾은 후, 서처는 추가적인 인수 자금을 투자자들로부터 조달하여 기업을 매입합니다. 일반적으로 인수 대상 기업은 기업 가치 기준으로 약 100억 원에서 200억 원 수준인 경우가 많으며, 기업의 업력이 충분하고, 기존 오너가 은퇴 등을 고려하고 있는 전통적인 중소기업이 선호 대상입니다.

세 번째는 '운영 단계 Operation Phase'입니다. 이 단계에서 서처는 기업의 대표이사 또는 CEO로 취임하여 기업의 전략을 직접 수립하고 실행합니다. 이 과정은 보통 5년에서 10년까지 지속되며, 서처가 회사의 내외부 운영에 깊이 관여하게 됩니다. 실제로는 기존 오너의 경영권 승계 공백을 메우는 동시에, 기업의 체질을 개선하고 성장을 이끄는 중책을 수행합니다.

마지막은 '매각 단계Exit Phase'입니다. 일정 기간의 운영을 통해 기업 가치를 높인 뒤, 다시 시장에 매각하거나 전략적 투자자에게 지분을 넘기는 방식으로 투자자에게 수익을 반환합니다. 서처 또한 이익의 일부를 성과보수 형태로 취하게 되며, 성공적인 딜일 경우 개인적으로도 상당한 경제적 보상을 받을 수 있습니다.

미국에서는 1984년 이후 500개 이상의 서치펀드가 설립되었고, 그 평균 내부수익률IRR이 약 35% 수준이라는 분석도 존재합니다. 이는 성공적인 서치펀드가 매우 높은 수익성과 함께, 중소기업 승계 시장을 해결하는 대안으로도 기능할 수 있음을 보여 줍니다.

하지만 한국에서는 아직 이 모델이 활성화되지 못하고 있습니다. 최근 들어 서치펀드에 관심을 갖고 이를 실현하고자 하는 예비 서처들도 등장하고 있지만, 실질적인 실행 사례는 매우 드문 편입니다. 그 이유는 금융 시스템의 미비 때문으로 판단됩니다. 현재 한국에는 서치펀드 모델을 제도적으로 뒷받침하거나, 초기 탐색 및 인수 단계에 자금을 공급해 줄 수 있는 구조적 금융 지원이 부족한 상황입니다.

그럼에도 불구하고 서치펀드는 점차 주목을 받고 있는 모델입니다. 베이비붐 세대의 은퇴로 인해 경영 승계를 고민하는 중소기업들이 늘어나고 있으며, 전통 제조업이나 지역 기반 기업의 인수·운영을 희망하는 젊은 경영자들도 증가하고 있습니다. 이에 따라 서치펀드는 창업 외에 또 다른 방식의 기업가 정신을 실현할 수 있는 대안으로 자리잡을 가능성이 높습니다. 제도적 정비와 금융 인프라가 함께 구축된다면, 향후 국내에서도 충분히 활성화될 수 있는 투자·경영 모델이라고 판단됩니다.

헷갈리는 투자 용어 바로잡기

투자 거래에서 자주 사용되지만, 그 의미나 맥락을 잘못 이해하기 쉬운 용어들이 있습니다. 특히 사모펀드나 벤처 캐피털 등과 관련된 계약에서는 각종 권리와 조항들이 포함되어 있으며, 이들 용어에 대한 이해는 매우 중요합니다. 다음은 실무적으로 자주 사용되는 주요 용어들을 설명하겠습니다.

먼저 태그어롱Tag-Along, 즉 동반매도권은 투자자가 일정 지분을 보유한 상태에서 대주주가 지분을 제3자에게 매각하려는 경우, 자신도 같은 조건으로 함께 지분을 매각할 수 있도록 요구하는 권리입니다. 소수 지분을 보유한 투자자가 단독으로 지분을 매각하기 어려운 상황에서 유리한 조건으로 엑시트할 수 있도록 보호하는 장치입니다.

드래그어롱Drag-Along, 즉 강제매도권은 반대로 대주주가 지분 매각 시, 소수 지분을 보유한 투자자에게도 지분을 함께 매각하도록 요구할 수 있는 권리입니다. 전체 지분 매각이 필요한 전략적 거래에서 매수자의 조건을 충족시키기 위해 사용되며, 소액주주의 매각 거부로 인한 거래 지연을 방지할 수 있습니다.

안티딜루션Anti-Dilution, 즉 지분 희석 방지 조항은 후속 투자가 이전보다 낮은 가치로 이루어질 경우, 기존 투자자의 지분 가치를 보호하기 위한 조항입니다. 투자자 입장에서는 기업 가치 하락으로 손해를 보는 것을 방지할 수 있으며, 보통 주식 수를 늘려 주는 방식으로 조정됩니다.

워터폴Waterfall, 즉 수익 분배 구조는 투자 회수 시점에 각 참여자에게 수익을 분배하는 순서를 정하는 방식입니다. 일반적으로 LPLimited Partner 또는 선순위 투자자가 원금과 일정 수익을 먼저 회수하고, 그 이후 남은 수익을 GPGeneral Partner 또는 창업자가 배분받는 구조로 되어 있습니다.

언아웃Earn-Out, 즉 성과기반 대금지급은 M&A에서 자주 사용되는 방식으로, 기업의 실적이 일정 기준을 충족했을 때 추가로 대금을 지급하는 조건입니다. 인수자는 리스크를 줄이고, 매도자는 향후 성과에 따라 보상을 받을 수 있는 구조입니다.

리픽싱Refixing, 즉 가격조정 조항은 투자 이후 일정 기준(매출, 이익 등)을 달성하지 못할 경우, 투자 조건을 다시 조정하여 투자자에게 유리하게 변경하는 조항입니다. 밸류에이션 리스크를 일정 부분 해소할 수 있는 수단입니다.

풋옵션Put Option, 즉 매도권은 투자자가 일정 조건하에 자신의 주식을 특정 가격에 매도할 수 있는 권리입니다. 엑시트 전략이 제한적인 비상장 회사에서 투자자의 자금 회수 수단으로 활용됩니다. 반대로 콜옵션Call Option, 즉 매수권은 특정 시점 또는 조건에 따라 주식을 미리 정한 가격에 매수할 수 있는 권리입니다. 기존 주주의 지분 확대 전략 또는 인센티브 목적으로 활용됩니다.

세컨더리 딜Secondary Deal은 기존 투자자가 보유한 지분을 다른 투자자에게 매각하는 거래를 의미합니다. 사모펀드 간 거래에서 자주 나타나며, 자금 회수 및 포트폴리오 재조정을 위한 방법으로 사용됩니다.

RCPSRedeemable Convertible Preferred Stock, 즉 상환전환우선주와 CBConvertible Bond, 즉 전환사채는 투자자 보호를 위한 전환형 투자 수단입니다. RCPS는 주식이지만 기업이 일정 조건을 충족할 경우 상환할 수 있고, 필요 시 보통주로 전환할 수 있습니다. 다만 기업이 이익을 내지 못하면 상환이 어렵다는 단점이 있습니다. CB는 채권이지만 일정 시점 이후 주식으로 전환이 가능하며, 부채 성격이 강하므로 상환 책임이 더 명확하게 존재합니다.

CB를 선호하는 투자자, RCPS를 선호하는 피투자 회사

스타트업이나 중소기업이 외부 자금을 유치할 때, 자주 활용되는 방식은 전환사채CB 또는 상환전환우선주RCPS입니다. 이 두 수단 모두 일종의 하이브리드 증권으로 일정 기간이 지나면 보통주로 전환이 가능하다는 공통점을 갖고 있지만, 법적 성격과 회계 처리, 상환 구조 등에서 중요한 차이가 있습니다. 특히 피투자 회사와 투자자의 입장이 서로 다르기 때문에 선호하는 방식 역시 엇갈리는 경우가 많습니다.

CB는 기본적으로 채권의 형태를 가지고 있으며, 일정 조건하에서 보통주로 전환할 수 있는 권리를 부여합니다. 따라서 법적으로는 '부채'로 분류되며, 회사 입장에서는 만기가 되면 원금과 이자를 상환해야 하는 의무가 발생합니다. 만일 상환하지 못할 경우 채무불이행(디폴트) 상황에 빠질 수 있습니다. 극단적인 경우에는 회사가 부동산 등 보유 자산을 처분해서라도 상환을 해야 할 법적 책임이 발생할 수 있습니다.

반면, RCPS는 형식상 '주식'입니다. 우선주의 형태로 발행되며, 보통주보다 우선적으로 배당을 받을 수 있는 권리를 가지는 동시에, 일정 시점 이후 상환을 요청할 수 있고 전환권도 부여되어 있는 복합적인 증권입니다. 이 RCPS의 가장 큰 특징은 '상환 가능 재원이 있을 때에만' 상환이 가능하다는 점입니다. 즉, 회계상으로는 부채처럼 보일 수 있지만, 실제로는 회사가 영업 활동을 통해 일정 수준 이상의 현금을 확보해야만 상환이 가능하다는 점에서 채권과는 실질적인 차이를 가집니다.

이러한 구조 때문에, 일반적으로 피투자 회사(즉, 자금을 유치하는 회사) 입장에서는 RCPS를 선호하는 경향이 있습니다. 이유는 명확합니다. CB는 회사에 무조건적인 상환 의무를 부여하므로 재무적 부담이 클 수밖에 없습니다. 또한 CB는 회계상 부채로 처리되기 때문에 부채비율 상승이라는 부작용도 수반합니다. 이로 인해 향후 추가적인 대출이나 외부 투자 유치에 제약이 발생할 수 있습니다.

반면 RCPS는 조건부 상환이라는 점에서 현금 흐름에 여유가 있는 시점에만 상환이 가능하며, 부도나 강제 상환 압박에서 비교적 자유롭습니다. 다만 국제회계기준IFRS에 따르면 RCPS도 일부 조건하에서는 부채로 분류될 수 있으며, 특히 상환 조건이 계약상 명시되어 있다면 이는 실질적으로 '부채 성격의 자본'으로 해석될 수 있습니다. 그럼에도 불구하고 일반적인 CB보다는 재무 구조에 미치는 부담이 상대적으로 덜한 것으로 평가됩니다.

투자자 입장에서는 반대로 CB를 선호하는 경우가 많습니다. CB는 채권의 특성을 가지므로, 상환청구권을 통해 일정 수준의 원금 회수가 가능하다는 점에서 리스크가 상대적으로 낮습니다. 또한 전환권을 활용해 회사의 기업 가치가 상승했을 때 보통주로 전환함으로써 자본 이익을 실현할 수 있는 구조이기 때문에, 투자자 입장에서는 '안정성'과 '수익성'이라는 두 가지 요소를 동시에 추구할 수 있습니다.

요약하면, 피투자 회사는 유연한 상환 구조와 상대적으로 낮은 재무적 부담을 이유로 RCPS를 선호하는 반면, 투자자는 법적 강제성이 있고 회수 가능성이 높은 CB를 선호하는 경향이 있습니다. 양측의 이해관계가 다르기 때문에, 실제 계약에서는 RCPS에 일정 수준의 강제 상환 조건을 붙이거나, CB에 전환 가액 조정(리픽싱) 조건을 두는 등 다양한 방식으로 중간 지점을 찾아가게 됩니다.

이러한 구조의 이해는 투자 계약을 설계할 때 매우 중요합니다. 표면적인 이자율이나 전환 조건만 보는 것이 아니라, 각 수단이 가진 법적 효과와 회계 처리, 재무 비율에 미치는 영향을 종합적으로 고려하여 결정하는 것이 바람직합니다. M&A, 후속투자, IPO 등 미래의 자본 이벤트를 염두에 두고 투자 유치 구조를 설계하는 것이야말로 진정한 전략적 판단이라고 할 수 있습니다.

권리를 좌우하는 지분율 ─────────

기업의 주식을 보유한 주주는 그 지분율에 따라 행사할 수 있는 권리가 달라집니다. 이는 상법과 정관에 근거하여 결정되며, 단순한 투자 참여를 넘어서 의사결정에 실질적으로 영향력을 행사할 수 있는 중요한 기준이 됩니다. 특히 비상장 기업이나 경영권 분쟁이 일어날 가능성이 있는 상황에서는 지분율의 크기가 곧 지배력의 척도가 되기도 합니다.

가장 먼저 눈여겨볼 지분율은 67%입니다. 이는 주주총회에서의 특별결의 단독 통과가 가능한 수준으로, 정관변경, 신주발행, 합병, 분할, 해산, 영업양수도와 같은 회사의 주요 구조 변경 사항에 대해 단독으로 의결할 수 있는 권한이 주어집니다. 이와 반대로, 지분 34% 이상을 보유하면 특별결의를 저지할 수 있어 소수 지분 보유자에게도 상당한 방어적 힘이 생깁니다.

지분율 51%는 회사 경영권을 실질적으로 행사할 수 있는 기준입니다. 이는 주주총회의 일반결의 통과 기준으로, 이사 및 감사의 선임과 해임, 재무제표 승인, 배당 결정, 보수 결정 등 대부분의 정기적인 회사 운영에 관한 의사결정을 단독으로 할 수 있습니다. 특히 이사 선임과 해임이 가능하다는 점에서 51%를 보유한 주주는 이사회 구성에 실질적인 영향력을 행사할 수 있으며, 이는 곧 경영권을 확보했다는 의미로 해석됩니다.

지분율 3%는 상법상 소수주주권의 첫 문턱에 해당합니다. 이 지분 이상을 보유한 주주는 회사의 회계장부나 재무자료에 대한 열람을 청구할 수 있으며, 주주총회의 소집을 요구하거나 업무 및 자산 상태에 대한 검사를 법원에 청구할 수 있는 권한을 가집니다. 이러한 권리는 경영 투명성 확보에 목적이 있으며, 경영진의 독단적 운영을 견제할 수 있는 수단으로 기능합니다.

지분율 1% 이상을 보유한 주주는 주주대표소송을 제기할 수 있는 권리를 갖습니다. 이는 이사 또는 감사의 위법 행위나 태만에 대해 회사를 대신하여 손해배상을 청구할 수 있는 권한으로, 경영진의 책임을 묻는 중요한 수단입니다. 소송 제기 전에는 회사에 소송 청구를 요구해야 하며, 회사가 이를 거절하거나 일정 기간 내에 대응하지 않을 경우 직접 제소가 가능합니다.

상장회사의 경우, 일반적인 비상장회사보다 훨씬 더 낮은 지분율로도 다양한 소수주주권이 보장됩니다. 예를 들어 0.5%의 지분만으로도 감사 선임을 위한 주주제안을 할 수 있으며, 0.1% 또는 0.01% 수준에서도 공시 청구 등 제한적인 권리를 행사할 수 있습니다. 이는 공공성과 투명성이 요구되는 상장기업의 특성상, 소액주주의 권리를 강화하기 위한 법적 장치로 볼 수 있습니다.

지분율은 기업의 통제권과 관련된 매우 현실적인 지표입니다. 투자자와 경영진 모두가 각 지분율에서 발생할 수 있는 법적 권한과 실무적 영향력을 정확히 이해하고 있어야 예기치 못한 분쟁이나 오해를 줄이고 합리적인 의사결정을 할 수 있을 것입니다.

상장의 득과 실

기업이 일정 규모 이상 성장하게 되면 상장을 고민하게 됩니다. 상장은 자본시장에서 자금을 조달할 수 있는 유력한 수단이며, 동시에 기업의 신뢰도와 위상을 높일 수 있는 제도적 절차입니다. 그러나 상장은 단지 이점만 있는 선택지는 아닙니다. 장단점이 공존하는 구조이기 때문에 기업의 상황과 목적에 따라 신중한 판단이 필요합니다.

상장의 가장 큰 장점은 자금 조달 수단의 다양화입니다. 비상장일 때는 주로 담보 대출에 의존해야 하지만, 상장 이후에는 유상증자, 전환사채CB 발행, 주식 담보 대출 등 자본시장 기반의 다양한 자금 조달 방식을 활용할 수 있습니다. 상장사로서의 공신력이 신용도 상승으로 이어지고, 이는 대출 한도나 금리 측면에서도 유리하게 작용합니다.

또 다른 장점은 유동성입니다. 상장된 주식은 시장에서 자유롭게 거래될 수 있어, 보유 주식을 현금화하는 것이 상대적으로 용이합니다. 이는 특히 대주주나 초기 투자자에게 중요한 요소로, 전량을 매각하지 않더라도 일부 지분 매도를 통해 투자금 회수가 가능해집니다. 이러한 유동성은 비상장주식, 특히 소수지분의 처분이 쉽지 않은 현실과 비교하면 매우 큰 장점이라 할 수 있습니다.

상장은 또한 신뢰성 제고 측면에서도 효과적입니다. 상장사는 외부의 감시와 규제를 받는 구조이기 때문에, 기업의 회계나 경영 투명성이 상대적으로 높다는 인식이 존재합니다. 이는 고객, 거래처, 투자자, 임직원 등 다양한 이해관계자에게 긍정적인 신호로 작용하며, 글로벌 비즈니스 확대나 우수 인재 확보에도 도움이 될 수 있습니다. 특히 임직원에게 스톡옵션을 제공할 수 있는 기반이 마련되어 성과 기반 보상 구조를 보다 유연하게 설계할 수 있습니다.

또한 상장은 상속이나 증여 시 기준이 되는 '시가'를 확보할 수 있는 수단이 되기도 합니다. 이는 상황에 따라 세무적으로 활용될 수 있는 방안이지만, 반대로 높은 시가가 세금 부담으로 이어질 수 있기 때문에 장점이자 단점이 될 수 있습니다.

그러나 상장은 단점도 분명히 존재합니다. 가장 먼저 고려해야 할 점은 주가 관리의 부담입니다. 주가는 기업의 실적, 외부 환경, 시장 심리에 따라 민감하게 움직이기 때문에, 경영진은 단기 실적에 대한 압박을 받기 쉽습니다. 특히 주가에 연동된 조건부 계약이나 채무가 있다면 그 부담은 더 커질 수 있습니다.

공시 의무와 규제 준수도 주요 단점 중 하나입니다. 상장사로서 각종 공시 의무를 이행해야 하며, 외부 감사의 수준도 한층 강화됩니다. 실적 발표, 경영 변경, 주요 계약 등 다양한 사안에 대해 정기적 또는 수시로 정보를 공개해야 하며, 이 과정에서 경영 전략이 외부에 노출되거나 불필요한 오해를 살 가능성도 존재합니다.

또한 상장사는 다수의 소액 주주와 기관투자자에게 열려 있는 구조이기 때문에, 외부로부터의 경영 간섭이나 공격 가능성도 배제할 수 없습니다. 경우에 따라 적대적 M&A나 행동주의 펀드의 대상이 되는 경우도 있으며, 이는 경영 안정성에 부담을 줄 수 있습니다.

마지막으로 상장 유지에는 상당한 비용이 발생합니다. IR_{Investor Relations} 활동을 위한 전담 인력, 외부 감사 비용, 법률 자문, 공시 시스템 유지 등 다양한 간접 비용이 지속적으로 소요되며, 이는 기업의 고정비 부담으로 작용할 수 있습니다.

결론적으로 상장은 자금 조달, 신뢰도, 유동성 확보 측면에서 큰 기회를 제공하지만, 동시에 규제와 외부 통제, 비용 부담이라는 현실적인 제약도 함께 수반합니다. 상장은 그 자체가 목적이 되어서는 안 되며, 기업의 중장기 전략과 조화를 이룰 때 비로소 의미 있는 선택이 될 수 있습니다.

정보 수집과 활용의 중요성

M&A 시장에서 정보는 곧 기회이며, 나아가 경쟁력의 원천입니다. 일반적으로 많은 기업들은 자문사들보다 더 방대한 정보를 보유하고 있다고 평가됩니다. 특히 대기업이나 조직 규모가 큰 기업의 경

우 자체적으로 축적한 방대한 데이터베이스, 고도화된 내부 시스템, 그리고 다양한 외부 자문 네트워크를 통해 다각적인 정보 접근이 가능합니다. 또한 외부 자문사들과의 협업 경험이 많을수록 정보의 깊이와 폭은 더욱 확대됩니다. 이들은 단순한 시장 정보뿐 아니라 고급 정보High-quality Intelligence도 빠르게 확보할 수 있는 구조를 갖추고 있는 경우가 많습니다.

M&A 시장에서는 정보의 유통 경로 또한 매우 중요합니다. 실무적으로 많은 정보들은 신뢰 기반이 있는 네트워크를 중심으로 먼저 공유되며, 여러 형태로 비공식적이지만 신속하게 교환되기도 합니다. 이 과정에서 자문사나 투자자 간의 비공식적 커뮤니케이션, 이전 거래의 신뢰 관계, 업계 내 평판 등이 정보 접근성에 중요한 영향을 미칩니다. 결국 신뢰를 기반으로 한 관계망의 유무가 실질적인 정보력에서 큰 차이를 만들 수 있습니다.

그러나 한국 시장에서는 이러한 정보 자체의 가치를 정당하게 인정하지 않는 분위기도 일부 존재합니다. 정보의 가치는 곧 거래의 가능성을 창출하거나 위험을 사전에 차단하는 실질적인 자산임에도 불구하고, 일부 기업에서는 이를 '무형 자산'으로 간주하거나 단순 참고자료 정도로 취급하는 경우도 있습니다. 이는 특히 외부에서 획득한 M&A 관련 정보나 기회를 내부적으로 공유하고 추진하기 위해 필요한 결재 및 승인 과정에서 제약으로 작용합니다. 결과적으로는 시기를 놓치거나 내부 리스크 회피 성향으로 인해 정보의 활용성이 떨어지게 됩니다.

　정보를 많이 보유하고 있음에도 불구하고 그 정보를 뒤늦게, 정확하지 않은 형태로 받아들이는 경우도 적지 않습니다. 특히 조직 내부에서 정보가 주요 의사결정자에게 제대로 전달되지 못하는 현상은 흔히 발생합니다. 정보가 여러 단계에 걸쳐 보고되거나 담당자가 명확하지 않은 경우, 정보의 전달 속도는 느려지고 그 과정에서 핵심 뉘앙스나 정확성이 희석될 가능성도 존재합니다. M&A 정보의 경우 특성상 민감하고 제한적인 내용을 담고 있기 때문에, 보안과 절차적 이유로 일부 정보만 선택적으로 전달되는 경우도 많습니다. 이러한 과정은 정보 해석의 오류로 이어지거나, 타이밍을 놓치는 결과를 낳을 수도 있습니다.

　M&A 관련 정보는 단순히 보유 여부만이 아니라, 그 정보가 얼마나 빠르고 정확하게, 그리고 조직 내에서 전략적으로 활용될 수 있는지에 따라 가치가 달라집니다. 따라서 기업은 단순히 많은 정보를 확보하려는 노력뿐 아니라, 정보의 전달 체계, 해석 역량, 실행력까지도 함께 점검하고 강화할 필요가 있습니다. 정보는 정적 자산이 아니라, 그 자체로 전략적 자원이기 때문입니다.

M&A 관련 핵심 문서 이해하기

M&A 과정에서는 다양한 문서들이 사용되며, 각 문서는 거래의 단

계별로 상이한 목적과 법적 효력을 지니고 있습니다. 이 중 실무적으로 반드시 숙지해야 할 핵심 문서로는 비밀유지계약서NDA, 기본합의서Term Sheet, 그리고 주식매매계약서SPA 등이 있습니다. 각 문서의 정의와 실무적 활용 방식, 주의사항에 대해 살펴보겠습니다.

먼저, 비밀유지계약서인 NDA Non-Disclosure Agreement입니다. 매수자가 인수 검토를 위해 내부 자료를 열람해야 할 때, 또는 매도자가 거래 가능성을 협의하는 과정에서 자신과 관련된 민감한 정보를 제공해야 할 때, 해당 정보가 외부로 유출되지 않도록 하는 법적 장치로 NDA를 체결합니다. NDA는 법적 구속력이 있으며, 누설 시 손해배상청구가 가능하므로 매우 중요한 서류입니다.

NDA에는 일반적으로 비밀의 정의, 비밀정보의 사용 목적 제한, 제3자 제공 금지, 정보 반환 또는 폐기 의무, 유효기간 등이 포함됩니다. 실무적으로는 '일방적One-way' NDA와 '상호간Mutual' NDA로 구분되며, 정보가 일방적으로 제공되는 경우는 전자, 상호 제공되는 경우는 후자를 사용합니다. 주의할 점은 너무 포괄적인 비밀 정의나 과도하게 긴 유효기간 등이 불필요한 분쟁의 소지가 될 수 있으므로, 계약 체결 시 세부 조항을 꼼꼼히 검토해야 합니다.

다음은 기본합의서Term Sheet입니다. 용어 자체는 다양하게 사용되며 투자의향서Letter of Intent, LOI, 양해각서Memorandum of Understanding, MOU등으로 불리기도 합니다. 이는 거래의 기본적인 틀을 정리한 문서로서, 가격, 구조, 일정, 독점교섭권, 조건부 거래 종결 요건 등의 내용을 포함합니다. 법적 구속력은 없거나 제한적으로 가지는 것이 일반적이며, 실질적으로는 거래 방향성을 정리하고 향후 계약 체결을 위한 협의 기반을 마련하는 역할을 합니다.

실무적으로 기본합의서는 협상의 기준선 역할을 하며, 상대방과의 시각 차이를 조율하고 내부 의사결정(투자위원회 보고 등)을 내리는 데 활용됩니다. 다만 일부 조항은 법적 효력을 가질 수 있습니다. 예컨대, 독점교섭권Exclusivity, 비밀유지 조항, 소송관할 등은 구속력을 가지는 경우가 많아 주의해야 합니다. 따라서 이 단계에서 내용에 대한 충분한 이해와 내부 조율이 필요합니다.

마지막으로 SPAStock Purchase Agreement, 즉 주식매매계약서는 실제 거래가 법적으로 집행되는 핵심 계약서입니다. 매도자와 매수자 간의 권리와 의무, 거래 조건, 가격, 대금지급 조건, 보장 및 진술, 사후 보완조치, 손해배상 등이 구체적으로 명시됩니다.

SPA는 법적 분쟁 발생 시 가장 중요한 근거 문서이기 때문에, 단어 하나까지 꼼꼼히 검토되어야 하며, 많은 경우 변호사 및 회계사와 함께 조율이 이루어집니다. 특히 보장 및 진술 조항과 관련하여 허위 진술이 발견될 경우 손해배상 책임이 발생할 수 있으며, 거래 후에도 특정 부분에 대해 에스크로 또는 클레임 조항 등을 통해 매도자가 책임을 지는 경우가 많습니다.

결론적으로 M&A 과정에서 비밀유지계약서, 기본합의서, 그리고 주식매매계약서는 각각 준비, 협의, 계약의 단계를 나타내며, 단계별로 해당 문서에 대한 충분한 이해와 전문적인 검토가 필수적입니다. 실무자는 문서의 형식보다는 그 안에 담긴 조항의 실질적 의미와 법적 효력, 리스크를 파악하는 데에 집중해야 하며, 이를 통해 보다 안정적이고 효과적인 M&A를 이끌어 낼 수 있습니다.

3부

이슈와 사례로 보는 M&A

8장

한국 M&A 시장의 흐름 읽기

한국형 M&A의 특징

한국의 M&A 시장은 독자적인 구조와 특성을 지니고 있으며, 글로벌 시장과는 다른 양상을 보이는 경우가 많습니다. M&A에 참여하거나 이를 전략적으로 고려하는 기업이라면, 한국 시장의 고유한 특징을 이해하는 것이 매우 중요합니다.

우선 한국 M&A 시장은 대기업 중심의 구조를 가지고 있습니다. 독립 기업 간의 거래보다는 대기업 그룹 내에서의 계열사 재편, 지주회사 전환, 흡수합병, 분할 등 내부 구조조정 성격의 거래가 많은 편입니다. 이로 인해 실질적인 외부 기업 간 인수보다는 내부 자산 재배치 형태의 딜이 시장을 주도하는 경향이 있습니다.

또한, 사모펀드와 재무적 투자자의 영향력이 크게 증가하였습니다. 특히 2010년대 중반 이후, 국내외 사모펀드가 활발히 참여하면서 중대형 기업의 매각 및 구조조정 거래에 있어 중요한 역할을 맡고 있습니다. 단순 투자자에서 벗어나 경영권 인수 후 밸류업 전략을 통해 재매각하는 사례도 증가하고 있습니다.

적대적 M&A는 매우 드문 편입니다. 한국은 순환 출자 구조, 우호지분 확보, 차등 의결권의 부재, 가족 지배 구조 등으로 인해 경영권 방어가 강력하게 작동합니다. 이러한 환경은 적대적 인수 시도를 원천적으로 어렵게 만들며, 이에 따라 자연스럽게 시장에서는 우호적 협상에 기반한 거래가 주류를 이루게 됩니다.

중소기업 및 스타트업 M&A 시장은 아직 미성숙 단계에 머물러 있는 것으로 보입니다. 많은 창업자들이 회수 전략으로 IPO(기업공개)를 선호하며, 전략적 투자자에게 매각하는 M&A는 제한적으로 이루어지고 있습니다. 이는 M&A가 자연스러운 회수 수단으로 자리 잡지 못하고 있는 구조적 문제를 반영하며, 정보 비대칭성과 매수자 풀의 협소함도 시장 확대를 어렵게 만드는 요인으로 작용하고 있습니다.

산업별로는 특정 분야에 거래가 집중되는 경향이 강합니다. 반도체, 배터리, 전자부품, 바이오, 게임, IT 서비스 분야가 상대적으로 활발한 반면, 전통 제조업이나 소비재 산업의 M&A는 제한적인 수준입니다. 이러한 산업 편중은 국가 전체의 산업 구조와 R&D 집중도, 글로벌 경쟁력의 분포 등을 반영한 결과로 해석할 수 있습니다.

공개매수 제도의 실효성이 낮고 상장사 M&A에 대한 규제가 강한 점도 특징적입니다. 한국에서는 공개매수Tender Offer를 통해 경영권을 확보하려는 시도가 상대적으로 드물며, 제도적·문화적 저항이 존재합니다. 상장사의 인수합병은 공시 의무, 대주주 변경 신고, 공정거래법상의 제약 등 다층적인 규제에 의해 제한되며, 경우에 따라 정부의 승인이 요구되기도 합니다.

한국의 M&A는 정부의 개입 및 산업별 규제가 강하게 작용하는 구조입니다. 특히 금융, ICT, 플랫폼, 바이오 등 국가적으로 중요성이 높다고 여겨지는 분야에서는 M&A에 대한 정부의 승인 절차나 사전 협의 요건이 강화되어 있는 경우가 많습니다. 이러한 구조는 시장 자율성보다는 전략 산업 보호라는 정책 기조가 우선시되는 것으로 보입니다.

이와 같은 특징들은 한국 M&A 시장이 단순한 자산 거래를 넘어서 복합적인 이해관계와 규제가 얽혀 있는 구조임을 보여 줍니다. 따라서 시장에 참여하고자 하는 투자자나 기업은 거래의 기획 단계에서부터 법과 제도, 시장 관행, 그리고 산업별 특성까지 폭넓게 고려할 필요가 있습니다.

또, 한국의 M&A 시장은 구조적·문화적 특성으로 인해 정보의 흐름이 매우 제한적이고 폐쇄적인 성격을 지니고 있습니다. 이는 거래의 본질이 사적Private이라는 특징에서 비롯된 현상으로, 투명한 정보 흐름보다는 신뢰 기반의 비공식 네트워크를 통한 정보 전달이 일반적입니다. 공개매각이 아닌 이상, 매도 의향이 있다는 사실 자체가 외부에 알려지는 것만으로도 임직원 동요, 거래처 이탈, 경쟁사 대비 입지 약화 등 부정적인 영향을 초래할 수 있기 때문에 매도 측은 정보를 철저히 통제하려고 합니다. 따라서 매도 정보는 그 자체로 민감한 자산이라 할 수 있습니다.

한편 과거에는 매도자 측 정보의 중요성이 더 부각되었지만, 최근에는 매수자 측 정보 또한 높은 가치를 지니게 되었습니다. 이는 매수 가능한 기업이 늘고 있는 상황에서, 실제로 거래를 종결할 수 있는 실질 매수자의 존재 여부가 거래 성사 가능성에 큰 영향을 미치기 때문입니다. 자금력, 업종 시너지, 경영 참여 여부, 의사결정 속도 등 다양한 요소가 검토 기준이 되면서, 누가 어떤 조건으로 어떤 딜을 찾고 있는지에 대한 정보 자체가 하나의 경쟁력이 되고 있습니다.

그럼에도 불구하고 시장 참여자는 생각보다 제한적입니다. 특히 매수자 풀은 좁고, 해당 시장을 전문적으로 커버하는 자문사도 그 수가 많지 않습니다. 자문사 내부에서도 실제로 딜을 총괄하거나 구조를 설계할 수 있는 인력은 소수에 불과합니다. 이는 정보의 집중 현상을 심화시키는 요인이 되며, 결과적으로 특정 정보는 아주 좁은 인맥 네트워크 내에서만 공유되곤 합니다.

결국, 우리나라 M&A 시장은 공식 채널보다는 비공식 네트워크의 영향력이 더 큰 구조라 할 수 있으며, 정보의 비대칭성은 여전히 큰 진입장벽으로 작용하고 있습니다. 따라서 관련 시장에서 의미 있는 거래 기회를 확보하려면 양질의 정보 접근성과 신뢰를 기반으로 한 관계 형성 능력이 매우 중요하다고 판단됩니다.

국가핵심기술과 M&A

최근 MBK파트너스가 고려아연에 대한 M&A를 추진하는 과정에서, 미국 국무부가 이 거래에 대해 이례적으로 입장을 표명한 사례가 있었습니다. 언론 보도에 따르면, 미국 국무부는 고려아연이 보유한 제련 기술이 대한민국의 '국가핵심기술'로 지정되어 있기 때문에, 한국 정부의 사전 승인 없이는 외국계 자본의 인수합병이 이루어질 수 없다는 점을 강조하였습니다. 더불어, 한국이 글로벌 핵심 광물 공급망에서 전략적으로 중요한 역할을 하고 있으며, 중국의 시장 지배력 확대에 대응하기 위한 필수적인 파트너라는 점을 부각시킨 것으로 전해졌습니다.

현행 산업기술보호법에 따르면, 국가핵심기술을 보유한 기업이 외국인 또는 외국 법인에 매각될 경우 정부의 사전 승인을 반드시 받아야 합니다. 이러한 제도는 자국의 첨단 기술이 해외로 유출되는 것을 방지하기 위한 장치로 설계된 것이지만, 동시에 외국계 자본

입장에서는 클로징 리스크가 매우 높아지는 결과를 낳게 됩니다. 승인 여부에 불확실성이 존재하고, 인허가 절차에 오랜 시간이 소요될 수 있으며, 규제 요건 충족에 따른 비용도 만만치 않기 때문에 실제로는 거래 자체가 성사되기 매우 어려운 구조로 작용하는 경우가 많습니다.

2024년 기준으로 대한민국은 총 13개 산업 분야에 걸쳐 76개의 기술을 국가핵심기술로 지정하고 있습니다. 해당 산업에는 반도체, 디스플레이, 전기전자, 철강, 조선, 원자력, 정보통신, 자동차 및 철도산업 등이 포함됩니다. 정부는 이러한 기술들이 해외로 유출될 경우, 국가 안보는 물론이고 국민경제 전반에 중대한 영향을 미칠 수 있다고 판단하고 있으며, 이에 따라 기술 보호를 국가 정책의 핵심 목표로 삼고 있습니다.

다만, 이러한 규제 기준의 적용 범위와 해석 기준이 다소 모호하게 적용되어 여러 단점을 발생시킬 우려가 있습니다. 특정 기술이 국가핵심기술에 포함되었는지 여부는 법적 기준에 따라 판단되어야 하지만, 실제로는 어떤 정책적 의도나 판단에 따라 그 범위가 확장되거나 축소될 여지도 있어 보입니다. 경우에 따라 인수합병을 지연시키거나 정치적 목적에 활용될 수 있는 가능성도 배제하기 어렵습니다.

또한 최근에는 외국인이 실질적으로 지배하는 국내 법인의 경우에도 제한을 가하려는 입법적 시도와 주장이 계속되고 있으며, 이는

MBK파트너스나 한앤컴퍼니처럼 외국 국적의 경영진 또는 자본 배경을 가진 사모펀드에게 점차 불리한 투자 환경이 형성될 수 있음을 시사합니다. 이러한 제도 변화는 외국계 자본에 의한 기술 기업 인수를 제한함으로써, 한국 내 기술 기업의 투자와 성장을 위축시킬 가능성을 내포하고 있습니다.

기술을 보유한 국내 기업들이 과연 현재 시장에서 적절한 가치 평가를 받고 있는지도 생각해 봐야 합니다. 기술력 대비 저평가된 기업이 해외의 전략적 투자자에 대한 접근까지 제한된다면 자본 유치 기회는 물론, 글로벌 수준의 기술 경쟁력 확보 자체가 어렵게 될 수 있습니다. 즉, 투자도 받기 어렵고, 매각도 할 수 없는 이중 장벽이 형성될 가능성이 있습니다.

또한 국내 기업들, 특히 대기업과 중견기업들이 기술 관련 M&A를 얼마나 전략적으로 추진하고 있는지도 돌아볼 필요가 있습니다. 글로벌 시장에서는 기술 중심 스타트업에 대한 전략적 인수합병이 매우 활발하게 이루어지고 있으나, 한국에서는 여전히 보수적인 투자 태도가 강하게 작용하고 있는 것으로 보입니다.

기술을 개발하고 보유한 기업 입장에서는 해외에서 협력 의사를 보이는 전략적 투자자와의 협업이 성장의 계기가 될 수 있습니다. 그러나 이러한 기회가 법적 또는 정책적 제약에 의해 원천적으로 제한된다면, 국내 기술 기업들이 글로벌 시장과 연결될 수 있는 통로가 좁아질 수밖에 없습니다.

만약 외국계 대형 사모펀드들이 기업을 인수할 수 없게 된다면, 그 역할을 누가 대신할 수 있을지도 고민해 보아야 합니다. 국내 대기업들이 반드시 해당 기술에 대한 투자 의지를 가지고 있는 것도 아니며, 실제로 M&A 역량 자체가 부족한 경우도 많기 때문에 시장 내에서 일정 규모 이상의 기술 기업을 인수하고 성장시킬 주체가 실질적으로 부재할 수 있습니다.

또한, 국가 차원에서 어떤 국가의 자본은 허용하고, 어떤 국가의 자본은 제한하는 방향으로 정책이 운영된다면 국제 자본시장에서는 신뢰성 문제로 이어질 수 있으며, 이러한 선택적 기준이 정당성을 확보하기 어려울 수도 있습니다. 이는 향후 글로벌 투자자들의 한국 시장에 대한 투자 기조에 영향을 미치는 요인이 될 수 있습니다.

국가핵심기술을 보호하는 것은 매우 중요한 원칙이며, 자본시장 논리와 일치하지 않더라도 일정 수준의 보호는 반드시 필요하다는 것에는 이견이 없을 것입니다. 다만, 이 원칙이 기술을 개발한 기업에게 정당한 인센티브로 작용하지 않고 외부 투자는 물론 내부 성장 기회마저 제한하는 방식으로 운영된다면, 오히려 기술 개발 동기를 저해할 수 있다는 점은 신중하게 고려되어야 합니다.

기술 보호와 자본 유치 사이에서 균형을 유지하는 것은 매우 어려운 과제입니다. 그러나 이러한 균형이 무너지게 되면 글로벌 경쟁에서 점점 더 고립된 산업 구조가 형성될 수 있으며, 장기적으로는 기술주권과 산업 경쟁력 모두를 저해할 가능성도 있습니다. 무엇보다 기술 관련 규제는 명확하고 일관된 기준을 통해 집행되어야 하며, 불필요한 시장 혼란이나 정치적 이용 가능성을 최소화하는 방향으로 설계되어야 할 것입니다.

ESG와 M&A

수년간 ESG는 기업 경영과 투자 판단의 핵심 요소로 부각되며 전 세계적인 주목을 받았습니다. ESG는 환경Environment, 사회Social, 지배구조Governance를 의미하는 개념으로, 과거에는 비재무적 요소로 치부되던 영역이 이제는 기업의 지속가능성을 평가하는 기준으로 자리 잡았다는 평가를 받기도 했습니다. 특히, ESG 요소를 강화하기 위한 수단으로 M&A나 전략적 투자를 활용하는 사례가 늘어났으며, 탄소 중립, 재생에너지, 친환경 기술을 보유한 기업에 관심이 집중되었습니다.

당시를 돌아보면 기업 보고서나 투자자 프레젠테이션, 산업 분석 자료 등 어느 분야를 보더라도 ESG를 언급하지 않은 자료는 찾아보기 어려웠습니다. ESG는 단순한 트렌드를 넘어 필수 요건처럼 받아들여졌으며, 이에 발맞춰 기업들은 외부 이미지 개선, 리스크 대응, 장기 투자 유치 등을 목표로 ESG 활동을 강화했습니다. 그러나 ESG 중에서도 실질적으로 집중된 영역은 E, 즉 환경Environment 분야였습니다. RE100(재생에너지 100% 사용 목표), 탄소 중립 선언, 탄소 배출권 거래 등과 같은 활동이 주된 ESG 실행 항목으로 제시되었습니다. 하지만 이 역시 진정한 친환경 경영보다는, 글로벌 규제에 대응하기 위한 수단으로 활용된 측면이 강했던 것으로 보입니다. 즉, 환경에 대한 철학적 접근보다는 규제 회피와 기업 생존을 위한 전략적 대응이 중심에 있었던 것입니다.

반면, S(사회)와 G(지배구조)는 상대적으로 소외된 영역으로 남아 있었습니다. 특히 국내 기업들의 경우, 대주주의 지배력 남용 문제나 사회적 책임에 대한 평가 체계 미비 등 구조적인 문제들이 지속적으로 지적되어 왔지만, 근본적인 개선은 더딘 상황입니다. 사회적 기여를 활발히 실천하는 기업에 대한 평가나 인센티브도 충분하지 않아, S와 G 분야는 보여 주기식 활동에 머무르는 경우도 많았던 것으로 판단됩니다.

최근에는 이러한 ESG 흐름이 예전만큼의 관심을 받지 못하고 있는 것으로 보입니다. 미국을 포함한 주요 국가에서 환경 규제 완화 움직임이 나타나고 있으며, 특히 트럼프 전 대통령의 비(非)친환경적 정책 기조는 글로벌 ESG 흐름에 찬물을 끼얹는 계기가 되었다는 평가도 있습니다. 실제로 일부 산업에서는 ESG를 더 이상 전략적 과제로 인식하지 않는 분위기가 감지되고 있으며, 투자자들 사이에서도 ESG보다 단기 수익성과 비용 효율을 우선시하는 흐름이 다시 고개를 들고 있는 상황입니다.

물론, 환경이 망가지면 결국 인류 전체가 공멸하게 된다는 점에서 환경에 대한 관심은 결코 사라져서는 안 됩니다. 그러나 현실은 그리 단순하지 않습니다. ESG가 일시적인 유행으로 끝나지 않기 위해서는 단지 기업과 투자자의 관심만으로는 부족합니다. 사회 전반의 합의와 정책적 뒷받침, 그리고 이를 지속적으로 이행할 수 있는 제도적 기반이 필요합니다. 그러나 현재와 같은 정치적 환경과 글로벌 분열 구조 속에서 이러한 합의를 도출하기란 쉽지 않아 보입니다.

결론적으로, ESG는 여전히 중요한 개념이며, 특히 장기적인 관점에서는 반드시 고려되어야 할 경영 및 투자 요소입니다. 다만, 그 지속성과 실효성을 확보하기 위해서는 단기적인 유행을 넘는 구조적인 변화와 사회 전반의 노력이 병행되어야 할 것입니다. 그러지 않으면 ESG는 일시적인 트렌드로 기억될 뿐이며, 기업의 진정한 지속가능성과는 거리가 먼 개념으로 남게 될 가능성도 존재합니다.

상장 유지와 M&A

앞으로 상장회사가 상장폐지 사유에 해당하거나 상장적격성 실질심사 대상이 될 경우, 상장을 유지하기가 과거보다 훨씬 더 어려워질 가능성이 높아지고 있습니다. 이는 최근 금융당국이 제시한 상장폐지 제도개선 방안에서 상장 유지 요건을 정량적으로 더욱 강화하겠다고 밝힌 데 따른 것입니다.

이번 제도 개선안(금융위원회 및 유관기관, IPO 및 상장폐지 제도개선 방안,

2025년 1월)에 따르면, 일정 기준을 충족하지 못하는 기업은 향후 상장 유지가 불가능해질 수 있습니다. 우선 시가총액 기준으로 2028년까지 코스피 상장사는 최소 500억 원, 코스닥 상장사는 최소 300억 원 이상을 유지해야 하는 방향이 제시되었습니다. 또한 매출액 기준으로 2029년까지 코스피는 300억 원, 코스닥은 100억 원 이상의 요건을 충족해야 하는 것으로 개정 방향이 설정되었습니다. 다만, 시가총액이 높을 경우 매출 요건이 일부 예외로 적용될 수 있다는 내용도 함께 포함되어 있습니다.

이 개정안은 즉시 시행되는 것은 아니며, 일정한 유예 기간이 주어진 상태입니다. 그러나 지금부터 충분한 대응을 준비하지 않는다면 향후 유예기간 종료 시점에 상장폐지 위기에 직면하는 기업들이 속출할 가능성이 있습니다. 참고로 현재 기준으로는 코스닥 시장에서 시가총액이 40억 원 미만이거나 매출액이 30억 원 미만일 경우 상장폐지 사유에 해당됩니다. 따라서 앞으로 적용될 새로운 기준은 현재보다 훨씬 엄격하다고 할 수 있습니다.

이러한 규제 강화는 단순히 상장 유지 기준을 높이는 것 이상의 의미를 지닙니다. 특히 매출 규모가 작거나 비즈니스 모델상 안정적인 수익 창출이 어려운 기업의 경우, 자구책이 없는 한 시장 퇴출이 불가피해질 수 있습니다. 따라서 일부 기업에게는 기업공개IPO 이후에도 M&A를 통한 외형 성장과 구조 개선이 생존을 위한 필수 전략으로 작용할 것으로 보입니다.

특히 매출액 요건이 강화됨에 따라, 인수합병 시 대상 기업의 매출 규모는 그 자체로 매우 중요한 판단 기준이 될 가능성이 큽니다. 실질적인 영업 활동이 부진하더라도 일정 수준 이상의 매출 외형을 보유한 회사를 인수함으로써, 상장 유지 요건을 충족시키려는 시도가 늘어날 것으로 예상됩니다. 이 과정에서 매출의 질, 즉 반복성과 지속가능성보다는 수치상의 외형이 우선적으로 고려될 여지도 있습니다.

이러한 변화는 상장기업의 M&A 전략에 실질적인 영향을 미치게 될 것입니다. 과거에는 기술 확보, 시장 진입, 인력 수급 등의 목적이 주요했다면, 앞으로는 상장 요건 충족 자체가 중요한 동기가 될 수 있습니다. 동시에, 매출은 크지만 기업 가치 평가가 낮은 비상장사에게는 새로운 기회가 열릴 수 있는 환경이 조성되고 있는 셈입니다.

이제 상장기업은 단순히 상장 이후 관리만으로는 생존할 수 없는 시대로 진입하고 있습니다. 새로운 규제 환경은 매출과 기업 규모를 일정 수준 이상으로 유지하기 위한 적극적인 전략을 요구하고 있으며, 이러한 변화에 대응하기 위한 M&A의 중요성은 앞으로 더욱 강조될 것으로 판단됩니다.

글로벌 확장과 크로스보더 M&A

최근 들어 국내 B2C 기업들은 내수 시장만으로는 지속적인 성장을 이루기 점점 더 어려워지고 있습니다. 그 주요 원인 중 하나는 인구 감소입니다. 출생률 하락과 고령화의 가속으로 인해 국내 소비 인구가 줄어들고 있으며, 이에 따라 전통적인 내수 기반 성장은 정체 또는 감소 국면에 진입하고 있습니다. 동시에 글로벌 브랜드와의 경쟁은 더욱 치열해지고 있어, 단순히 국내 시장에서의 성과만으로는 장기적인 성장 동력을 확보하기 어려운 상황입니다.

B2B 산업의 경우, 상황은 더욱 복잡합니다. 예를 들어 디스플레이 산업은 이미 중국 기업들이 기술력과 생산능력 면에서 한국 기업을 따라잡은 것으로 보이며, 글로벌 시장에서의 경쟁력 유지가 갈수록 어려워지고 있습니다. 반도체 파운드리 분야 역시 대만 TSMC와의 기술 격차가 커지고 있으며, 그 격차를 단기간에 좁히기는 현실적으로 쉽지 않아 보입니다. 이차전지 산업 역시 고성장을 구가하던 초기 단계를 지나 전기차 시장이 성숙기로 접어들며 불확실성이 확대되고 있습니다. 특히 일부 영역에서는 중국 기업들이 빠르게 시장을 잠식하고 있어 경쟁 우위를 유지하기 위한 전략적 전환이 필요한 시점입니다.

물론 상대적으로 양호한 성과를 보이고 있는 분야들도 있습니다. K-콘텐츠, K-뷰티, 일부 K-식품 산업은 해외 시장에서 의미 있는 성과를 내고 있으며, 브랜드 가치를 인정받고 있는 상황입니다. 하지만 이들 산업 또한 트렌드 변화와 글로벌 소비 패턴의 영향을 많이 받기 때문에, 현재의 성과가 장기적으로 유지될 수 있을지에 대해서는 경계가 필요하다는 시각도 존재합니다.

결국 국내 기업들이 생존하고 성장하기 위해서는 해외 시장 진출이 필수적인 전략으로 떠오르고 있습니다. 사실 글로벌 확장은 과거에도 중요했지만, 지금은 그것이 선택이 아닌 생존을 위한 당연한 방향이 되었다고 해도 과언이 아닙니다. 국내 시장의 한계를 극복하고, 새로운 수익 기반을 찾기 위한 전략적 접근이 그 어느 때보다 절실한 시점입니다.

이러한 흐름은 국내 M&A 시장에서도 분명하게 나타나고 있습니다. 최근 국내 기업들은 글로벌 시장을 목표로 한 아웃바운드 M&A를 적극적으로 추진하고 있습니다. 이는 단순한 제품 수출을 넘어, 현지 생산기지나 유통망, 브랜드 및 기술 확보를 위한 전략적 M&A 형태로 나타납니다.

반대로, 해외 투자자에게 회사를 매각하려는 인바운드 M&A의 시도도 증가하는 추세입니다. 한국 시장에 대한 관심이 높아짐에 따라 국내 기업을 인수해 한국 내 기반을 확보하려는 외국계 기업들의 움직임이 관측되고 있습니다. 해외 투자자들이 국내 기업을 인수하는 경우, 단순히 한국 시장 진입을 위한 목적보다는 아시아 시장 전체 또는 글로벌 전략의 일부로 접근하기 때문에 글로벌 확장 가능성이 있는 기업들의 가치가 상대적으로 더 높게 평가받는 경우가 많습니다. 다만 국내 M&A 시장의 참여자 수가 상대적으로 적고, 시장의 유동성이 제한적인 탓에 성공적인 인바운드 M&A를 이끌어 내기 위해서는 준비가 매우 중요합니다.

오늘날 기업의 M&A 전략에 있어서 '크로스보더 M&A', 즉 국경을 넘는 인수합병 전략은 이제 특정 대기업이나 글로벌 기업만의 선택지가 아닙니다. 중소·중견기업에 있어서도 글로벌 진출의 수단으로, 혹은 기업 가치의 극대화를 위한 도구로 고려되어야 할 필수 전략이 되고 있습니다. 과거에는 국내 시장 내의 확장에 초점을 맞췄던 기업들도 이제는 해외 시장을 동시에 바라보며 기업의 성장 가능성과 전략적 방향을 설정해야 하는 시점에 와 있습니다.

단순히 M&A를 시장 관점에서만 보더라도 국내 투자자만을 기반으로 하기에는 한계가 존재합니다. 한국 기업들은 전통적으로 M&A에 소극적인 편이며 전략적 투자자보다는 재무적 투자자가 중심이 되는 경우가 많습니다. 반면 해외 투자자들은 해당 기업의 기술, 브랜드, 네트워크 등을 통한 시너지 효과를 기대하고 M&A를 추진하기 때문에 매수자 입장에서 기업에 더 높은 가치를 부여하는 경향이 있습니다. 이러한 이유로 기업 매각을 고려하고 있다면 해외 투자자를 대상으로 한 전략이 더 효과적일 수도 있습니다.

물론 크로스보더 M&A는 단지 의지만으로 성사되는 것이 아니며, 언어·문화·법률·회계 등 다양한 장벽이 존재합니다. 하지만 이러한 제약에도 불구하고, 국내 기업들이 생존과 성장을 위해 반드시 고려해야 하는 과제임은 분명합니다.

크로스보더 M&A를 추진할 때 또 한 가지 반드시 고려해야 할 점은 바로 외국인 투자 규제입니다. 각 국가마다 외국인에 의한 기업 인수에 대해 민감하게 반응하는 산업이나 특정 규제가 존재할 수 있습니다. 특히 전략 산업, 데이터 보안, 인프라 등 국가 안보와 연결된 분야에서는 엄격한 승인 절차나 투자 제한이 존재할 수 있으므로, 사전에 법률적·정책적 검토가 필수적입니다.

결론적으로, 기업이 장기척인 성장을 도모하고 글로벌 시장에서 경쟁력을 유지하기 위해서는 크로스보더 M&A 전략을 체계적으로 수립할 필요가 있습니다. 이는 단순히 해외 기업을 인수하거나 외국 투자자에게 회사를 매각하는 차원을 넘어, 글로벌 무대에서 자사의 포지셔닝을 강화하고, 시장 내에서 새로운 성장 동력을 발굴하는 중요한 수단입니다. 국내 시장의 한계를 뛰어넘기 위해, 그리고 세계 시장에서 기업의 가치를 극대화하기 위해, 이제는 누구보다 먼저 글로벌 전략을 고민해야 할 시점입니다.

9장

---|---

한국 M&A
사례 분석

네이버와 컬리 ———————————————
전략적 제휴 및 M&A 추진 사례 분석

최근 네이버와 컬리는 이커머스 경쟁력 강화를 목표로 다양한 사업 분야에서 전략적 업무 제휴를 추진한다고 발표하였습니다. 이에 따라 컬리는 2025년 안에 네이버플러스 스토어에 공식 입점하여 자사 상품을 판매할 예정이며, 양사는 공동 고객 서비스를 함께 기획할 계획이라고 밝혔습니다.

이번 제휴는 양사 모두에게 시너지 효과가 있을 것으로 평가됩니다. 네이버는 기존에 약점으로 지적되어 온 신선식품 영역을 컬리와의 협업을 통해 보완할 수 있으며, 특히 컬리가 강점을 가진 프리미엄 새벽배송 서비스 및 30~40대 여성 고객층을 효과적으로 흡수할 수 있을 것으로 보입니다. 컬리 입장에서도 자사몰 외에 네이버라는 초대형 플랫폼을 추가 유통 채널로 확보함으로써, 신규 고객을 대거 유입할 수 있는 기회를 얻게 됩니다. 이는 단순한 유통 확대 이상의 의미를 가지며, 성장 곡선을 다시 그리는 전환점이 될 수도 있습니다.

유통업계 관계자들에 따르면, 컬리가 향후 기업공개IPO를 성공적으로 추진하기 위해서는 단순한 지속 성장만으로는 부족하며, 성장 폭 자체를 확대하는 것이 필수적이라고 평가되고 있습니다. 이러한 배경에서 이번 제휴는 컬리에게 있어 실질적인 외형 확대와 수익성 개선을 동시에 겨냥할 수 있는 전략적 수단으로 해석됩니다.

한편, 네이버가 컬리의 최대주주인 앵커프라이빗에쿼티(앵커PE)의 지분 중 약 10%를 인수하는 방안을 검토 중이라는 보도도 있었습니다. 만약 이 거래가 성사될 경우, 네이버는 컬리의 최대주주로 올라서게 됩니다. 이는 단순한 지분 투자를 넘어, 사실상 전략적 인수를 통한 이커머스 내 입지 강화를 시도하는 것으로 해석될 수 있습니다.

컬리는 한때 2~3조 원의 기업 가치를 인정받기도 했으나, 최근 2025년 3월 장외시장에서의 자사주 매입 가격 단가 등을 고려할 때, 실제 시장에서의 밸류에이션은 약 6천억 원에서 7천억 원 수준으로 하락한 것으로 보입니다. 만약 네이버가 위와 유사한 수준에서 10%의 지분을 확보할 수 있다면, 비교적 적은 투자금으로 경영권 영향력을 확보할 기회가 될 수 있다는 분석도 있습니다.

현재 네이버 쇼핑은 오픈마켓 기반의 수수료 모델을 중심으로 운영되고 있습니다. 반면 쿠팡은 직매입 및 자체 물류 시스템을 구축하여 소비자 만족도와 재구매율 측면에서 경쟁 우위를 확보하고 있습니다. 이러한 구조적 한계로 인해 네이버는 신선식품 등 특정 카테고리에서는 쿠팡과의 경쟁에서 불리하다는 평가를 받아 왔습니다. 이번 컬리와의 협업은 이러한 약점을 보완하고, 국내 온라인 신선식품 시장에서 영향력을 확장하는 계기가 될 수 있을 것입니다. 참고로, 국내 신선식품 온라인 시장은 2020년 21조 원 규모에서 2025년 기준 36조 원 이상으로 성장할 것으로 전망되고 있습니다.

네이버는 이커머스 내 신선식품 부문 강화라는 니즈가 분명히 존재합니다. 컬리 또한 미래를 위해서는 네이버와 같은 전략적 투자자의 참여가 반드시 필요해 보입니다. 단순한 자본 투입 이상의 시너지와 구조적 보완이 절실한 시점이기 때문입니다. 따라서 양측 모두 필요성을 느끼고 있는 것으로 판단됩니다. 이러한 상황에서 밸류에이션 및 투자 구조를 둘러싼 논의는 현재도 지속되고 있을 가능성이 높습니다.

그럼에도 불구하고, 이번 거래는 양측 모두에게 간단한 결정이 아닐 수 있습니다. 우선 사모펀드인 앵커PE 입장에서는 원금 회수 또는 일정 수익 실현이 어려운 상황에서 손실을 감수하며 지분을 매각하는 결정을 내리는 것이 쉽지 않습니다. 반대로 전략적 투자자인 네이버 역시 현 시점에서 기업 가치가 불분명한 기업에 대해 높은 밸류에이션을 지불하는 결정을 내리는 것 또한 쉽지 않은 일입니다.

컬리의 지분 구조는 다소 복잡한 것으로 보이고, 지분이 다수의 투자자에게 분산되어 있는 상황입니다. 따라서 네이버가 대주주 지위를 확보하려면 단순히 앵커PE의 지분 인수만으로는 충분하지 않을 수 있으며, 다른 주주들과의 협의가 필요해 보입니다. 그러나 일부 주주의 반대나 주주 간 계약 조항 등에 따라 협의가 원활하지 않을 가능성도 존재하며, 이는 거래의 구조 설계에 있어 변수로 작용할 수 있습니다. 또한, 전략적 인수가 아닌 적대적 인수로 비춰질 위험도 있어 신중한 접근이 요구됩니다.

컬리의 장기적인 성장 방향에 대해서도 검토할 필요가 있습니다. 쿠팡이나 SSG처럼 대규모 물류와 가격 경쟁력을 앞세운 확장 전략을 그대로 따르기보다는, 컬리만의 프리미엄 브랜드 이미지와 큐레이션 역량을 기반으로 한 시장 전략이 보다 적합해 보입니다. 특히 프리미엄 신선식품을 선호하는 특정 소비자층을 타깃으로 하는 전략은 차별화 측면에서 의미가 있지만, 국내 고급 식료품 시장의 절대 규모가 크지 않다는 점은 부담 요소로 작용할 수 있습니다.

더불어, 신선식품을 온라인으로 판매한다는 것 자체가 물류, 재고 관리, 고객 신뢰 확보 등 여러 측면에서 높은 진입장벽을 가지고 있다는 점도 고려해야 합니다. 특히 소비자 행동을 변화시키는 데는 시간이 상당히 소요될 수 있으며, 그 과정에서 추가적인 비용이나 리스크가 발생할 수 있습니다.

이번 거래에서 과연 누가 더 많은 이익을 얻게 될 것인가에 대한 궁금증이 시장에 많이 존재합니다. 지분 인수 관점으로 보았을 때, 컬리의 입장에서는 전략적 투자자인 네이버가 단순한 재무적 투자자보다 훨씬 유의미한 파트너일 수 있습니다. 재무적 투자자는 수익 실현 외의 동기가 크지 않은 반면, 전략적 투자자는 플랫폼과 고객, 물류, 브랜드 등 다방면에서 컬리의 성장을 지원하는 잠재적 협력자가 될 수 있기 때문입니다. 전략적 제휴의 측면에서도 현재 컬리가 특별히 손해를 보는 구조는 아닌 것으로 보이며, 어떤 식으로든 변화와 전환이 필요한 시점에서 이번 협력은 타이밍 측면에서도 나쁘지 않은 선택일 수 있습니다.

한화호텔앤드리조트의 아워홈 인수 사례 분석 ———

2024년 초, 한화호텔앤드리조트는 국내 단체 급식 업계 약 4위로 판단되는 아워홈의 지분 58%를 약 8,700억 원에 인수하는 계약을 체결하였습니다. 이는 아워홈 전체 기업 가치를 약 1조 5천억 원 수준으로 평가한 거래입니다.

　이번 인수는 한화그룹 김동선 부사장이 주도한 것으로 알려져 있으며, 호텔·레저 사업을 담당하는 한화호텔앤드리조트의 식음료F&B 사업 강화를 주요 목표로 삼고 있습니다. 단체 급식 산업은 비교적 경기 변동에 둔감하고 안정적인 수익 구조를 가진 업종으로 평가되며, 특히 숙박과 식품 사업 간의 시너지를 기대한 전략적 행보로 볼 수 있습니다.

　아워홈은 단체 급식 외에도 식자재 유통 사업에서 높은 역량을 보유하고 있으며, 최근 한화가 관심을 보이고 있는 로봇 및 자동화 분야와의 결합을 통해 중장기적으로는 오퍼레이션 효율화 및 기술 기반의 서비스 혁신도 가능할 것으로 보입니다. 이러한 관점에서 이번 거래는 단순한 업종 확대를 넘어선 미래 지향적 조합으로 해석될 수 있습니다.

　다만, 거래 구조를 보면 한 가지 우려되는 지점도 존재합니다. 약 1조 5천억 원으로 추정되는 기업 가치에 비해, 한화 측에서 실제로 투입하는 자기자본은 약 2,500억 원 수준에 불과합니다. 나머지는 IMM크레딧으로 알려진 재무적 투자자FI 및 인수금융을 통해 조달될 예정으로 보이며, 이는 자본 대비 레버리지가 높은 구조입니다. 이러한 구조에서는 향후 재무적 투자자에게 요구되는 수익률을 감안하여, 아워홈이 실질적으로 높은 성장성과 수익성을 유지해야만 거래 전체가 긍정적인 평가를 받을 수 있습니다.

한화호텔앤드리조트는 2024년 말 기준 현금성 자산 약 1,600억 원과 금융투자 자산 300~400억 원 수준을 보유한 것으로 파악되며, 추가적인 자금이 필요한 경우 그룹 내 타 계열사의 유동성을 활용할 가능성도 일부 있는 것으로 판단됩니다. 그러나 자체적인 자본 여력만으로는 거래를 완전히 소화하기 다소 어려운 구조입니다.

한편, 아워홈은 LG그룹 계열이었으며, 이번에 매각된 지분은 LG 창업주 손자 세대 중 장남과 장녀가 보유한 지분입니다. 나머지 두 주주는 이번 매각에 참여하지 않았으며, 이들은 우선매수청구권을 보유하고 있는 것으로 알려졌습니다. 이로 인해 거래가 종결되기까지는 법적, 경영권 측면에서 변수들이 존재하며, 마지막까지 거래 성사 여부를 지켜볼 필요가 있습니다.

거래 가격에 대해서는 업계 내에서도 논란이 존재합니다. 일부에서는 이번 인수가 높은 밸류에이션을 반영한 것이 아니냐는 지적이 제기되었으며, 특히 동종 업계Peer Group 대비 2~3배 이상 높은 수준이라는 분석도 나오고 있습니다. 다만, 아워홈의 2024년 기준 EBITDA(법인세·이자·감가상각 전 이익)는 약 1,500억 원 수준으로 추정되며, 순부채는 일부 언론에서 언급된 수준보다 낮아, 리스부채를 제외할 경우 사실상 무차입에 가까운 구조로 보입니다.

이를 감안해 산출한 EV/EBITDA 배수는 약 10배 초반 수준으로 추정됩니다. 언론 보도에서 언급된 12배 이상이라는 수치는 다소 보수적인 EBITDA 기준을 사용한 결과일 가능성도 있습니다. 일반적으로 단체 급식 및 식자재 유통업체들은 4~5배 수준의 멀티플이 적용되곤 하는데, 이를 감안하면 이번 거래는 확실히 프리미엄이 붙은 인수라 볼 수 있습니다.

그럼에도 불구하고, 현재 국내 M&A 시장의 침체 상황, 단체 급식 산업의 안정적인 캐시플로우, 경영권 프리미엄, 그리고 이와 같은 대형 딜이 시장에 자주 등장하지 않는다는 희소성 등을 감안한다면, 일정 부분 납득할 수 있는 수준의 밸류에이션이라는 시각도 존재합니다. 특히 한화의 입장에서는 식음료 기반 자산을 빠르게 확보하고, 그룹 내 다양한 사업군과 시너지를 창출할 수 있다는 점에서 전략적 가치가 높다고 판단한 것으로 보입니다.

결론적으로 이번 한화의 아워홈 인수는 단순한 자산 취득을 넘어, 그룹 차원의 식음료 역량 강화를 위한 의미 있는 시도로 평가할 수 있습니다. 향후 이 거래가 어떤 구조적 효과와 실적 개선으로 이어질지는 추가적인 관찰이 필요한 시점입니다.

CJ제일제당의 그린바이오사업부 매각 사례 분석 ──→

2024년 말부터 2025년까지 M&A 시장에서 가장 주목받는 거래 중 하나로 CJ제일제당의 그린바이오사업부 매각이 거론되고 있습니다. 이 사업부는 CJ제일제당의 바이오 사업 전체 매출의 약 90%를 차지하고 있으며, 매각 대상은 사실상 바이오 사업부 대부분으로 보입니다.

거론되는 인수 금액은 약 6조 원 수준으로 알려져 있으며, 이는 2024년의 사업 실적을 기준으로 볼 때 상당히 높은 밸류에이션으로 보일 수도 있습니다. 2024년 기준 바이오 사업부의 총매출은 약 7조 2천억 원, 순매출은 약 4조 2천억 원이며, 영업이익은 약 3,400억 원으로 추정됩니다. 반면, 2022년에는 매출 8조 4천억 원, 순매출 4조 9천억 원, 영업이익은 6,400억 원에 달했으며, 이때 수준으로 시장이 회복된다면 6조 원의 기업 가치도 설명 가능한 수준이라는 평가가 있습니다. 일부 기사에서는 2023년 EBITDA가 7천억 원 이상으로 추정되었다는 언급도 있어, 투자자 입장에서 EV/EBITDA 기준으로 보면 8~9배 수준의 밸류에이션이 논의되고 있는 것으로 보입니다.

그린바이오사업부는 미생물과 식물 기반의 기능성 소재, 종자, 첨가물 등을 제조·판매하는 분야로 구성되어 있습니다. 대표적으로는 라이신, 아르기닌, 트립토판 등과 같은 사료용 아미노산, 핵산, 테이스트앤리치 등 식품 조미 소재 등이 있으며, 주요 제품은 세계 시장에서 높은 점유율(일부는 1위)을 기록하고 있는 것으로 전해집니다. 산업 특성상 공급자 교체가 어렵고, 일정한 수요가 유지되는 구조로 인해 상·하방 모두 제한적인, 매우 안정적인 수익 구조를 가진 비즈니스라고 평가됩니다.

이 사업부는 CJ제일제당 전체 매출의 약 23~24%를 차지하는 핵심 부문이지만, CJ제일제당은 이번 매각을 통해 본업인 식품 사업을 더욱 강화하겠다는 전략적 결정을 내린 것으로 알려졌습니다. 특히, 미국 냉동식품 업체인 슈완스Schwan's 인수를 통해 식품 부문에서 성공적인 사례를 경험한 바 있으며, 미국 식품 사업 매출이 2018년 3,650억 원에서 2023년 4.4조 원으로 10배 이상 성장하면서 이 같은 판단에 더욱 힘이 실린 것으로 보입니다.

더불어, 글로벌 K-푸드 기업으로의 도약이라는 그룹 차원의 중장기 전략과, 식품성장추진실장을 맡고 있는 CJ 후계자의 리더십 강화 차원에서도 이번 매각은 전략적 의미를 지니고 있습니다. 아울러, 매각 대금의 일부는 향후 레드바이오(제약·의약), 화이트바이오(생분해 플라스틱) 분야로의 진출 또는 확대를 위한 자금으로 활용될 가능성도 거론되고 있습니다.

다만, 이와 같은 초대형 거래는 참여 가능한 매수자의 범위가 자연스럽게 제한될 수밖에 없습니다. 글로벌 금융시장의 유동성 여건, 환율 및 원재료 가격 등 거시경제 변수들의 민감도, 그리고 최근 미·중 관계 및 보호무역 기조 강화 가능성 등을 고려할 때, 인수자의 관점에서 리스크 요인이 많다고 평가될 수도 있습니다. 특히 사료용 아미노산 등의 원재료 수급 불안정성이나, 특정 국가의 수입 제한 정책 등은 사업 수익성에 직접적인 영향을 미칠 수 있는 요소입니다.

현재까지 거론되는 주요 잠재적 인수자로는 MBK파트너스, 칼라일Carlyle, KKR과 같은 글로벌 사모펀드, 그리고 중국의 전략적 투자자SI인 광신그룹, 매화그룹 등이 있습니다. 다만 초기에 적극적인 입질이 없었던 것으로 전해지며, 최근 들어 MBK가 다시 검토에 나섰다는 보도가 나오면서 분위기에 변화가 생기고 있습니다. 이런 대형 거래는 단기간 내 종결되기보다는 수개월 이상 구조와 조건을 조율하는 협상 과정을 거치는 것이 일반적이므로, 실제 인수 의사 결정 및 실행 여부는 좀 더 시간을 두고 지켜볼 필요가 있습니다.

결론적으로 CJ제일제당의 그린바이오사업부 매각은 단순한 자산 매각이 아닌, 기업의 사업구조 재편과 중장기 전략을 반영한 전략적 빅딜로 평가할 수 있습니다. 비즈니스의 안정성, 글로벌 경쟁력, 다변화된 포트폴리오를 보유하고 있다는 점에서 매력적인 자산이지만, 거시경제 환경과 산업 내 구조적 요인들을 함께 고려할 때, 인수자의 관점에서는 다층적인 분석과 전략적 접근이 요구되는 거래가 될 것으로 판단됩니다.

SK디앤디의 로컬스티치 인수 사례 분석 ⟶

최근 SK디앤디는 국내 최초의 공유 주거 스타트업인 로컬스티치 Local Stitch를 인수하였습니다. SK디앤디는 SK그룹 계열사 중에서도 부동산 개발 및 운영을 전문으로 하는 상장사이며, 국내에서 유일하게 대기업 계열로 분류되는 상장 시행사로 알려져 있습니다. 이 같은 이력을 바탕으로 SK디앤디의 이번 인수는 단순한 사업 확장을 넘어 전략적 포지셔닝의 일환으로 해석되고 있습니다.

로컬스티치는 2013년 서울 마포구 서교동에서 첫 공간을 오픈하며 사업을 시작하였고, 현재는 전국 22개 지점을 운영하고 있는 기업입니다. 주거와 사무 공간을 융합한 형태로, 거주자 간의 교류와 협업을 기반으로 하는 코리빙Co-living 및 코워킹Co-working 공간을 제공합니다. 공간 활용 방식이나 사업모델 측면에서 글로벌 공유 오피스 기업인 위워크WeWork와 유사한 측면도 있습니다.

SK디앤디는 이미 코리빙 브랜드인 '에피소드Episode'를 통해 공유 주거 시장에 진출해 있었으며, 이번 인수를 통해 해당 분야의 사업 역량을 대폭 확대하였습니다. 실제로 인수 이전 기준 약 3,800가구였던 임대 공급 물량은 로컬스티치 인수를 통해 약 6,200가구로 늘었으며, 2024년 말까지 1만 가구, 2029년까지는 5만 가구 공급이라는 장기 목표도 제시된 바 있습니다.

이번 인수는 로컬스티치 창업자에게도 유의미한 엑시트 사례로 평가되고 있습니다. 언론 보도에 따르면, 로컬스티치는 2024년 기준으로 영업 손실이 있었음에도 불구하고, 약 500억 원 수준의 인수가액이 책정된 것으로 알려졌습니다. 이는 대기업에 의한 스타트업 인수로서, 매출이나 손익 규모보다 브랜드 가치와 미래 성장 가능성이 우선적으로 평가되었음을 시사합니다.

또한 이 거래는 국내 주거 시장의 구조 변화와도 맞닿아 있습니다. 과거 전세 중심이었던 주택 시장이 점차 임대 기반으로 전환되고 있는 흐름 속에서, SK디앤디는 선제적으로 이에 대응하고 있는 것으로 보입니다. 최근 글로벌 부동산 투자사들이 국내 주거 임대 시장에 관심을 보이고 있는 상황에서 국내 대기업으로서 빠르게 이 시장을 선점하려는 전략적 의도로 해석될 수 있습니다.

SK디앤디는 이번 인수를 통해 다음과 같은 여러 가지 이점을 기대할 수 있을 것으로 보입니다. 첫째, 국내 최초 코리빙 브랜드로서의 상징성과 인지도 확보, 둘째, 경쟁사의 인수를 통한 시장 내 과점적 위치 확보, 셋째, 자체 개발 없이도 단기간에 대규모 운영 자산을 확보할 수 있다는 점입니다. 로컬스티치가 보유하고 있는 운영 노하우와 커뮤니티 기반 운영 모델은 SK디앤디가 향후 자사의 코리빙 브랜드를 확장하거나 고도화하는 데 있어 중요한 자산으로 활용될 수 있을 것입니다.

무엇보다 새로운 브랜드를 구축하고 운영 역량을 확보하기까지 드는 시간과 비용을 감안할 때, 이미 시장에서 검증된 플랫폼을 인수하는 방식은 실행 측면에서도 효율적인 전략이 될 수 있습니다. 특히 주거 소비자의 니즈가 변화하고, 혼자 사는 1인 가구가 증가하는 트렌드 속에서 공유 주거의 수요는 중장기적으로 확대될 가능성이 높습니다.

결론적으로 SK디앤디의 로컬스티치 인수는 단순한 사업 확장이 아니라, 주거 산업의 구조적 변화에 대응하고 미래형 부동산 사업 모델로의 전환을 시도하는 전략적 M&A 사례로 해석할 수 있습니다. 기업 입장에서는 기존 경쟁자를 흡수함으로써 시장 내 지위를 강화하고, 동시에 젊은 세대의 주거 경험을 재정의하는 혁신적 모델을 빠르게 확보할 수 있는 계기가 되었을 것으로 판단됩니다.

마치며

엄청나게 방대한 내용을 다루는 책은 아님에도 이 책을 쓰는 과정은 결코 쉽지 않았습니다. 큰 조직에서 비교적 수동적으로 일하다가 독립계 M&A 자문사를 시작해 운영하면서, 실무와 생존을 병행하는 치열한 시간 속에 책까지 집필하는 일은 저에게도 새로운 도전이었습니다. 그럼에도 끝까지 포기하지 않을 수 있었던 것은 무엇보다 가족의 든든한 지지와 응원이 있었기 때문입니다. 이 자리를 빌려 깊은 감사의 마음을 전합니다.

이 책에는 제가 그동안 겪어 온 다양한 M&A 실무 경험과 고민, 그리고 그 속에서 도출한 실질적인 해법을 가능한 한 모두 담고자 했습니다. 실무자들이 실제로 마주하는 상황과 어려움, 그에 대한 솔루션을 공유하고 싶다는 마음으로 집필했습니다. 동시에 M&A의 기본적인 개념과 원리도 충실히 설명하고자 노력했습니다. 제가 경험한 한국 M&A 시장의 특징과 각 플레이어들의 특성, 시장 분위기 등 현장에서만 느낄 수 있었던 생생한 감각들도 독자들에게 조금이나마 전해지길 바랍니다.

현업이나 실무를 수행하는 분들에게는 '다른 책이나 인터넷에서 찾기 어려웠던 실마리'를, M&A에 입문하는 취업 준비생이나 초년생에게는 'M&A를 이해하는 대략적인 감'을 주는 책이 된다면 더 바랄 것이 없겠습니다. 앞으로도 더 많은 현장에서 경험하고, 배우고, 나누며 저 역시 계속 성장해 나가고 싶습니다. 이 책이 M&A라는 조금은 낯설 수 있는 주제를 실무적으로, 그리고 조금 더 친근하게 이해하는 데 도움이 되었기를 진심으로 바랍니다.

고수의 M&A 바이블

투자와 엑시트 전략이 한눈에 보이는 K-인수합병 실전 가이드

초판 발행일   2025년 10월 3일
펴낸곳   현익미디어
발행인   현호영
지은이   장현희
편 집   황현아
디자인   디박스
주 소   서울특별시 마포구 월드컵북로58길 10, 더팬빌딩 9층
팩 스   070.8224.4322

ISBN   979-11-94793-22-9 (93320)

현익미디어는 골드스미스 출판그룹의 전문직 도서 전문 브랜드입니다.
좋은 아이디어와 제안이 있으시면 출판을 통해 가치를 나누시길 바랍니다.
hyunik@doowonart.com